F. Kiehne

Stefan Munaretto

Wie analysiere ich einen Film?

Bange Verlag

Über den Autor:
Stefan Munaretto wurde 1955 geboren. Er unterrichtet Deutsch und Englisch an einem Gymnasium in Braunschweig und lebt mit seiner Familie in Wolfenbüttel. Als Autor von Interpretationen und Lernhilfen zur Literatur und zum Film hat er mehrere Artikel und Bücher veröffentlicht.

2. Auflage 2009
ISBN: 978-3-8044-1498-3

Lektorat: Michael Banse, Leipzig
Umschlagfoto: Fotostudio Maurer, Bamberg
Filmfotos: Cinetext Bildarchiv
Illustrationen: Sven Palmowski, El Prat de Llobregat
Herstellung: imprint, Zusmarshausen
Druck und Weiterverarbeitung: Finidr, s. r. o., Český Těšín

Inhalt

Legende
A Aktivität
i Info
* Begriff im Glossar erläutert
▶ Querverweis
Fotos zu den ausgewählten Filmen finden Sie ab S. 80

Vorwort

Dieses Buch soll eine allgemeine Einführung in die Analyse von Spielfilmen sein. Es hat sein Ziel erreicht, wenn der Leser am Ende nicht nur seine Kenntnisse erweitert hat, sondern auch versteht, weshalb die methodisch bewusste Untersuchung von Filmen nützlich ist. Warum soll man etwas analysieren, das man am liebsten einfach genießen und spontan begreifen möchte? Es ist schließlich auch anstrengend, weil man dabei seine oft sehr passive Rolle als Zuschauer aufgeben und Distanz zum Film herstellen, sich eine Szene eventuell auch fünfmal ansehen muss.

Die wichtigste Antwort darauf lautet, dass Filme eben nicht nur zur Unterhaltung da sind, sondern dass viele ganz wesentlich dabei helfen, die Welt kennenzulernen und zu verstehen. Es gibt allerdings auch Filme, welche das Publikum mit ihrer Bilderflut überwältigen und ihm nicht die Gelegenheit bieten, die eigene Fantasie ins Spiel zu bringen. Beide Varianten machen es sinnvoll, Einblicke in die **handwerklichen** und **künstlerischen Grundlagen des Mediums** zu **erwerben**. Man gelangt dadurch über den Zustand hinaus, in dem man an Filme immer oder ausschließlich nur unter dem Gesichtspunkt der Handlung herangeht. Der Genuss ist oft sogar größer, wenn man weiß, wie Filme „gemacht" sind, und dass kleine Änderungen bei der Montage, der Beleuchtung oder dem Ton erhebliche Konsequenzen für die Wirkung und Aussage haben können. Es kann eben tatsächlich Spaß machen, eine gelungene Szene mehrmals zu betrachten, weil es sehr viel dabei zu entdecken gibt. Nicht zuletzt erleichtert das Verständnis für die Mittel der Filmgestaltung auch Versuche, mit Hilfe von Videokameras und Camcordern eigene kleine Filme zu produzieren. Die Anschaffung der notwendigen Ausstattung, um selbst Szenen zu drehen, das Material zu schneiden usw., ist heutzutage nicht nur für Profis erschwinglich.

Was **Filmanalyse** ist, soll in diesem Buch möglichst anschaulich erläutert werden. Dabei wurde bei der Auswahl der Beispiele ein möglichst breites Spektrum berücksichtigt. Neben **Autorenfilmen** mit hohem Anspruch sind auch populäre **Genrefilm**e betroffen. Für die Arbeit mit dem Band ist es sicher nützlich, wenn man einige der ausführlicher behandelten Filme wie *Brokeback Mountain* und *Die fabelhafte Welt der Amélie* kennt. Es geht jedoch nicht um die Untersuchung eines bestimmten Films. Jedes Werk wurde unter den **Analysegesichtspunkten** herangezogen, zu deren Erläuterung es ergiebig schien. Natürlich wird man aber jedem Film nur vollständig gerecht, wenn man ihn in der Zusammenschau aller Aspekte beurteilt.

1 Dramaturgie

Das Drehbuch

Eine bekannte Aussage, die Alfred Hitchcock zugeschrieben wird, lautet: „Man braucht drei Dinge für einen guten Film: 1. Ein gutes Drehbuch, 2. ein gutes Drehbuch und 3. ein gutes Drehbuch." Für die Filmanalyse lässt sich aus diesem Grundsatz schließen, dass der Weg zum Verständnis eines Werks in vielen Fällen beim Drehbuch beginnt. Die Kenntnis seiner Dramaturgie, also der Prinzipien, nach denen die Handlung aufgebaut ist, erlaubt meistens grundlegende Einblicke in den Charakter des Films.

Story und Plot

In diesem Zusammenhang ist die Unterscheidung zwischen Story* und Plot* von Bedeutung. Unter Story versteht man eine Menge von Ereignissen in ihrer chronologischen Abfolge. In der Story sind noch keine Schwerpunkte oder kausalen Zusammenhänge erkennbar. Sie umfasst alles, was in einem bestimmten Zeitraum geschieht, einschließlich der Anteile, die man im Normalfall für unwichtig halten wird (z.B. den Nachtschlaf einer Figur). Der Plot* umfasst hingegen nur das, was davon tatsächlich erzählt wird, notgedrungen eine kleine Auswahl aus den Bestandteilen der Story. Zusätzlich sind die Elemente des Plots schon in einen ursächlichen und logischen Zusammenhang gebracht. Die Sätze „Ein Schriftsteller interviewt zwei Mörder und schreibt ein Buch über ihre Tat. Die Mörder werden hingerichtet. Der Schriftsteller wird berühmt. Später ist er Alkoholiker." sind eine Story. Zum Plot des Films *Capote* werden sie als „Ein ehrgeiziger Schriftsteller interviewt zwei Mörder und schreibt ein Buch über sie, das, wie erhofft, Aufsehen erregt. Der Erfolg des Buches vermehrt sich, weil die Mörder hingerichtet werden. Der Schriftsteller ist nun berühmt, wird aber von Schuldgefühlen und Selbstzweifeln beherrscht, weshalb er zum Alkohol greift."

Klassisches Erzählkino

Die Analyse eines Drehbuchs ist hauptsächlich eine Untersuchung der Dramaturgie. Es geht um die Frage, wie und mit welcher Wirkung die Story zu einem Plot verdichtet wird. Im klassischen Erzählkino* ist dabei die Bandbreite der Möglichkeiten begrenzt. Folgende Merkmale können als charakteristisch angesehen werden:

- eine geschlossene Erzählweise,
- eine Situation, deren Gleichgewicht am Anfang verändert und am Ende wiederhergestellt wird,
- dreiaktiger Aufbau,
- deutlich markierte Wendepunkte,
- die lustvolle Hinauszögerung der Lösung durch eine Reihe von Prüfungen, die der Held zu bestehen hat.

Mythen und Märchen

Interessanterweise ähneln die Plots populärer Filme durch diese Eigenschaften in auffälliger Weise den Plots von Mythen* und Märchen. Nimmt

Die Reise des Helden

man das Kino nach dem Vorbild Hollywoods zum Maßstab, könnte man, überspitzt formuliert, zu der Auffassung gelangen, dass sich im Bereich des Erzählens seit Jahrtausenden nicht viel verändert hat. Auch Filme, die äußerlich an die Umstände unserer Zeit angepasst sind, weil die Menschen darin Auto fahren und Computer benutzen, weisen in Handlungsaufbau und Figurenkonstellation die gleiche Struktur auf wie die Geschichten, die in früheren Zeiten auf Markt- und Dorfplätzen vorgetragen wurden. *Star Wars*, *Titanic* oder die Aschenputtel-Version *Pretty Woman* sind leicht als moderne Märchen zu durchschauen. Die gleichen eng geknüpften Plots lassen sich aber auch in Filmen finden, die auf den ersten Blick wenig märchenhaft wirken, wie z. B. in *Das Schweigen der Lämmer*. Auch hier wird von der Reise eines Helden erzählt, in deren Verlauf er Prüfungen bestehen muss und an deren Ende er zu einem neuen Selbst gelangt. Die Protagonisten im populären Film sind moderne Wiedergeburten des „Heros in tausend Gestalten", den der Mythenforscher Joseph Campbell in dem gleichnamigen Buch beschrieben hat, das von großem Einfluss auf die Filmwissenschaft war.

Es wäre unangemessen, die ständig erneute Verwendung mythologischer Erzählmuster grundsätzlich für ein Zeichen mangelnder Originalität zu halten. Filme wie *Rebecca* oder *Casablanca* könnten kaum seit Jahrzehnten das Publikum faszinieren, wenn es nicht ein Verlangen nach Mythen gäbe, das immer wieder nach Erfüllung verlangt. Mythen stellen Sinn und Ordnung her, erlauben die Auseinandersetzung mit grundlegenden Erfahrungen des Menschen und dienen der Lebensbewältigung. In ihrer Grundform sind es Geschichten über „einen, der auszog, um sein Glück zu machen", und aus einer Zeit, „als das Wünschen noch geholfen hat". Mit ihrer Hilfe lassen sich Urängste überwinden und Vertrauen in die Welt gewinnen. Die unten beschriebenen Kompositionsstrukturen bieten überdies zahlreiche Möglichkeiten der Variation, weil sie einfach und doch erstaunlich flexibel sind. Im Genrefilm* lassen sie sich deshalb laufend von Neuem an veränderte Zeitumstände und Bedürfnisse von Gesellschaften anpassen. Man wird in Filmen auch immer wieder Abweichungen vom Idealtypus und Übergänge zu offenen Formen des Erzählens finden. Der Plot in *Die fabelhafte Welt der Amélie* etwa hat eine mythologische Grundlage, erlaubt sich aber zahlreiche Freiheiten gegenüber den in Drehbuchratgebern empfohlenen Mustern. *Capote*, um ein weiteres Beispiel zu nennen, löst sich im Verlauf der Handlung weitgehend davon. Das Modell der Reise des Helden sollte deshalb bei der Filmanalyse vor allem zu Erkenntniszwecken angewendet werden.

1.1 Die Handlung als organisches Ganzes

Der Held und sein Ziel

Der klassische Erzählfilm bevorzugt die geschlossene Form* der Dramaturgie. Die Reise des Helden soll ein organisches Ganzes bilden, das in allen Details und Zusammenhängen leicht nachvollziehbar ist. Am Ende dürfen keine grundlegenden Fragen offen bleiben. Das wichtigste Mittel, um dies zu bewirken, ist die frühzeitige Definition eines Ziels, das der Held dann im Verlauf seiner Reise konsequent verfolgt, später aber eventuell noch einmal ändert. Die Handlung wird also von der klaren Motivation der Hauptfigur angetrieben und von der Gewissheit des Zuschauers, das er sein Ziel erreichen wird. In *Mathilde – eine große Liebe* macht sich die Protagonistin auf die Suche nach ihrem in den Wirren des Ersten Weltkriegs verschwundenen Verlobten. Die herausragende Eigenschaft der Filmhelden ist zudem ihre extrem große Zielstrebigkeit, weshalb sie als „Wunschmaschinen" bezeichnet werden. Auch Mathilde lässt sich durch nichts von ihrem Vorhaben abbringen, selbst als längst alle Anzeichen dafür sprechen, dass Manèche tot ist.

Die Backstorywound

Eine zusätzliche Motivation erhalten die Helden durch eine „Backstorywound"*. Dabei handelt es sich um eine schmerzliche Erfahrung aus der Vergangenheit, die noch nicht verarbeitet ist. Sie erklärt vor allem, weshalb die Figur so getrieben ist und warum sie niemals locker lässt, bevor sie nicht die bösen Geister der Vergangenheit besiegt hat. Die Backstorywound ist deshalb recht schlicht und austauschbar. Sie gehorcht der Logik der Erzählung und ist nur vordergründig psychologisch. Man kann sie meistens in ein oder zwei Sätzen zusammenfassen. Häufig handelt es sich um einen schweren Verlust: Mathilde hat ihre Eltern verloren, als sie drei Jahre alt war. Andere Helden haben einmal schwer versagt oder wurden gedemütigt oder verlassen.

Linearität und Kausalität

Geschlossenheit entsteht weiterhin durch die Prinzipien der Linearität und der Kausalität. Linearität bedeutet, dass jede Szene* die Handlung in Richtung auf das Ziel vorantreibt. So bringt jedes der Gespräche, die Mathilde mit den Zeugen führt, wieder einen Teil des Puzzles hervor, das sie zu Manèche führen wird – teilweise mit Verspätung, was den Konventionen des Detektiv-Genres zu verdanken ist, das hier eine Rolle spielt. Kausalität bedeutet, dass es einen für den Zuschauer ersichtlichen Zusammenhang zwischen Ursache und Wirkung gibt. Mathilde als Detektivin eignet sich hier wieder als anschauliches Beispiel. Trotz des Chaos an der Front, in dem Manèche verloren ging, kann sie jede Etappe seines komplizierten Weges noch Jahre später rekonstruieren. Die Indizien sind so ausgelegt, dass sie sie Schritt für Schritt zu den Verantwortlichen und schließlich ihrem Verlobten führen. Innerhalb der geschlossenen Form kann es dabei durchaus einzelne Plot-Elemente geben, die ins Leere führen, allerdings nur auf konventionell geregelte Art. Dies trifft etwa auf den „Red Herring" zu, die falsche Fährte, auf die ein Ermittler gelockt wird.

1.2 Aktionsbereiche

Haupt- und Nebenfiguren

Ein weiteres Element der geschlossenen Erzählweise ist eine deutlich ausgeprägte Hierarchie der Haupt- und Nebenfiguren. An der Spitze steht eine Figur, auf welche die Sympathie des Zuschauers gelenkt wird. Das Modell, das der Literaturwissenschaftler Vladimir Propp an russischen Märchen entwickelt hat, ist geeignet, diese Hierarchie in Filmen zu beschreiben. Demzufolge gibt es sieben Aktionsbereichen, an denen Figuren teilhaben können und die ihre Funktion für die Erzählung bestimmen:

- **der Held** ist auf der Suche nach seiner wahren Bestimmung, strebt ein Ziel an,
- **der Gegenspieler** versucht ihn daran zu hindern,
- **der Schenker** übermittelt dem Helden eine Gabe, die ihn entscheidend voranbringt,
- **die gesuchte Person** belohnt den Helden, wenn er sein Ziel erreicht hat oder ist selbst die Belohnung,
- **der Sender** schickt den Helden auf den Weg,
- **der Helfer** berät den Helden, stattet ihn mit Wissen aus,
- **der falsche Held**.

Dieses Modell ist schlicht, aber äußerst nützlich. So erweist sich z. B., dass die unterschiedlichsten Figuren im Film tatsächlich als Helfer der Helden auftreten können. Sie werden oft auch als Mentoren oder Berater bezeichnet. In *Mathilde – eine große Liebe* fallen in diesen Aktionsbereich u. a. Onkel und Tante, ein Privatdetektiv und eine Prostituierte, die zur Mörderin wird und die Gegenspieler umbringt. In diesem Fall ist ein Aktionsbereich auf mehrere Figuren aufgeteilt; andererseits kann auch eine Figur mehrere Bereiche besetzen. In *Whale Rider* ist der Stammesführer Koro gleichzeitig Gegenspieler und (allerdings widerwillig) Helfer seiner Enkelin Pai, der Heldin des Films. Er weigert sich, sie als Nachfolgerin zu akzeptieren, weil sie ein Mädchen ist. Trotzdem lernt sie von ihm die wichtigen Überlieferungen ihres Volkes.

1.3 Dreiaktiger Aufbau

Die Reise des Helden verläuft im Mythos, aber eben auch im Film in drei Phasen, denen eine Aufteilung des Plots in drei Akte entspricht. Jeder Akt hat seine feste Funktion im Rahmen des Ganzen. Man kann die einzelnen Akte entweder nach ihrer dramaturgischen Aufgabe benennen (als Exposition*, Hauptteil und Auflösung) oder mit den Bezeichnungen das Bild der Heldenreise fortführen (Trennung, Prüfungen, Ankunft).

1. Akt

Exposition/ Trennung

In der Exposition wird die Hauptfigur eingeführt, und der Zuschauer erhält die wesentlichen Informationen über Themen und Konflikte. Als Phase der Trennung wird der erste Akt betrachtet, weil der Held sich hier aus seiner gewohnten Welt lösen muss. Dabei wird meistens eine feste Abfolge von Situationen eingehalten. Der Held spürt, dass sein Leben nicht so bleiben kann, wie es ist. Seine Versuche, Zufriedenheit zu erlangen, haben nicht zu dem gewünschten Ergebnis geführt. Die Situation befindet sich zunächst im Gleichgewicht der Kräfte. Dieses wird aber durch eine Reihe von Ereignissen aus der Balance gebracht. Diese Ereignisse können die unterschiedlichste Form annehmen, z. B. kann eine Figur eine Karte einer geheimnisvollen Insel erhalten (*The Beach*), eine Blechbüchse mit interessantem Inhalt finden (*Die fabelhafte Welt der Amélie*), in der Zeitung eine Meldung lesen, die sie fasziniert (*Capote*). Auch Unfälle, Missgeschicke, ungewöhnliche Aufträge usw. können zu dem werden, was der Held als verlockenden „Ruf zum Abenteuer" empfindet und was die Handlung in Bewegung setzt. Durch das auslösende Moment ist auch die Zielrichtung bestimmt. Oft sträubt sich aber der Held zuerst, seine alte Umgebung zu verlassen, manchmal wird er auch davor gewarnt. Er benötigt noch die Hilfe eines oder mehrerer Berater, die ihn ermuntern und begleiten und ihm in vielen Fällen eine Gabe zukommen lassen. Wenn der Held die Schwelle zu der neuen Welt überschreitet, ist der erste Wendepunkt erreicht.

2. Akt

Hauptteil/-Prüfungen

Die neue Welt, in welcher der Held sich nun aufhält, unterscheidet sich fundamental von seiner alten, auch wenn gar keinen Ortswechsel stattgefunden hat. Die aufregenden Dinge spielen sich vor allem im Bewusstsein der Figuren ab, etwa wenn neue Erfahrungen der Titelfigur in *Amélie* zeigen, dass man nicht für immer allein und in sich gekehrt sein muss. Dieser Akt ist der längste; er konfrontiert den Helden mit Widersachern und verlangt von ihm, dass er Abenteuer von zunehmender Gefährlichkeit übersteht oder schwierige Rätsel löst. Vor allem muss er dabei auch seinen Charakter verändern und zur Selbsterkenntnis gelangen. Er überwindet seine Backstorywound*. Auch für Amélie reicht es auf Dauer nicht, nur anderen zu helfen. Sie muss lernen, ihr eigenes Glück in die Hand zu nehmen. In jedem Fall muss der Held am Ende wieder die Welt der Abenteuer verlassen. Ein weiterer Wendepunkt führt ihn über die Schwelle zurück in seine alte Umgebung.

3. Akt

Auflösung/ Ankunft

Das Finale ist die Phase der Rückkehr bzw. Ankunft. Hier kommt es zur entscheidenden Auseinandersetzung mit dem Gegenspieler und zu dessen Bestrafung; am Ende erfolgt die Belohnung des Helden dafür, dass er sein Ziel erreicht hat.

1.4 Spannung

Deadline

Erfahrene Zuschauer können bei klassischen Erzählfilmen häufig den Plot recht detailliert vorhersehen. Trotzdem fühlen sie sich immer wieder in die Handlung hineingezogen oder gar emotional aufgewühlt. Dies hängt auch in hohem Maße davon ab, inwiefern Plots so konstruiert sind, dass sie Spannung hervorrufen. Normalerweise wird in der besonders spannungsreichen Phase vom zweiten Akt bis zum finalen „Showdown" Erregung aufgebaut, die aber nicht negativ empfunden wird, wenn man sich in sicherer Erwartung eines guten Endes befindet. Eine besonders häufige Technik der Spannungssteigerung ist die Inszenierung von Zeitnot, oft in Form einer „Deadline"*. Wenn man den Helden zwingt, etwas innerhalb einer knapp bemessenen Frist tun zu müssen, wird es automatisch aufregend, vor allem wenn es mit Lebensgefahr verbunden ist wie in *18 Stunden bis zur Ewigkeit*. In diesem Film hat eine Spezialisten-Crew nur achtzehn Stunden Zeit, um eine Bombe zu entschärfen, die ein Erpresser auf einem Kreuzfahrtschiff deponiert hat. Eine Deadline hat zusätzlich den Vorteil, dass sie die Zielrichtung der Handlung noch ersichtlicher und damit den Plot noch geschlossener macht. Das Ende der Prüfungen ist genau terminiert.

Suspense

Einige Standardsituationen eignen sich auch immer wieder, um Spannung hervorzurufen (Verfolgungsjagden, Duelle usw.). Für Genres* wie Horror und den Thriller ist „Suspense" ein grundlegendes Element der Gestaltung, das auf einer unterschiedlichen Wissensverteilung bei Zuschauern und Filmfiguren beruht. Alfred Hitchcock, der Meister des Suspense, erklärte dessen Wirkung am Beispiel einer Bombe, die unter einem Tisch angebracht wurde, was das Publikum gesehen hat, das nun angespannt die Explosion erwartet, ohne die um den Tisch sitzenden Personen warnen zu können. Der Zuschauer ist beim Suspense ein hilfloser Zeuge; er schwebt zwischen der Angst vor der nahenden Katastrophe und der Hoffnung, dass sie noch vermieden werden kann. Der „Thrill" erzeugt hingegen Spannung, indem er ein andauerndes Level diffuser oder offener Bedrohung aufrechterhält. Man findet dieses Mittel der Spannungserzeugung in Horrorfilmen, aber auch in Thrillern wie *Wer Gewalt sät*, *Kap der Angst* oder *Die Hand an der Wiege*. Typische Plot-Elemente, die Thrills erzeugen, sind die Hauskatze, die ein Unbekannter ermordet hat, und das Auto, das langsam und unbeleuchtet um den Block fährt. Den Bereich der Suggestion verlässt die Spannungstechnik des Schocks oder Schrecks, die den Zuschauer völlig unvermittelt mit expliziten Gewaltdarstellungen oder entsetzlichen Anblicken konfrontiert. Berühmt sind die Schockeffekte in *Shining* und in *Psycho*. Sie funktionieren vor allem dann, wenn der Zuschauer vollständig davon überrascht wird und nicht von vornherein mit ihnen rechnet wie in Teilen des Horror-Genres.

Thrill

Schock

Info

New Hollywood: *Getaway* und weitere in diesem Band erwähnte Filme der sechziger und siebziger Jahre (*Klute*, *Der Marathon-Mann*, *Taxi Driver*) sind Vertreter des New Hollywood, einer äußerst kreativen Phase des amerikanischen Kinos, die etwa zehn Jahre andauerte und in der sich Filmschaffende von den Zwängen des Studio-Systems und von erstarrten Konventionen freimachten. Typisch für New Hollywood sind experimentierfreudige Filme, die auf moralische Korrektheit und geschlossenes Erzählen verzichteten und stattdessen spielerisch mit den herkömmlichen Formen des Kinos umgingen und sich vom europäischen Autorenfilm beeinflussen ließen. Möglich wurde diese Entwicklung durch eine ökonomische und künstlerische Krise des Hollywood alter Prägung in Verbindung mit der politischen Aufbruchstimmung der Zeit.

1.5 Offene Formen des Erzählens

Gefahr der Formelhaftigkeit

Das geschlossene Erzählen ist auch ein Teil der Vermarktungsstrategie großer Studios, die ihre Produkte standardisieren, um Risiken zu mindern, und auch des sogenannten – „Continuity System"* Hollywoods, das dem Zuschauer emotionale Befriedigung durch ungestörte Identifikation verschaffen will. Dies endet leicht in Formelhaftigkeit oder dem Verlust von Glaubwürdigkeit, z. B. durch unpassende Happy-Ends. Eine geschlossene Form* kann darüber hinaus nicht das geeignete Ausdrucksmittel für Filme sein, die beabsichtigen, sich direkt mit der modernen Lebenswelt auseinanderzusetzen. Geschlossenheit ist hier nur eine Utopie, die in der sozialen Wirklichkeit der meisten Menschen nicht eingelöst wird. Der Glaube, man könne die tatsächliche Welt als organisches Ganzes darstellen, widerspricht der alltäglichen Erfahrung. Viele Zuschauer mögen den mythischen Helden in sich spüren, seine Reise treten sie aber im wirklichen Leben nicht an.

Info

Autorenfilm: In der französischen Filmtheorie der fünfziger Jahre entwickelte sich die Unterscheidung zwischen Autoren- und Produzentenfilm. Demzufolge erkennt man im Autorenfilm die individuelle Handschrift und Weltsicht eines „auteur", der in vielen Fällen zugleich Drehbuchverfasser und Regisseur ist. Im Produzentenfilm gibt es hingegen einen oft anonymen „réalisateur", der auf der Grundlage eines vorgefertigten Drehbuchs und weiterer Vorgaben arbeitet. Der Produzentenfilm war im Hollywood der Vergangenheit der Normalfall, den Autorenfilm verbindet man hingegen mit bestimmten kreativen Filmbewegungen wie der Nouvelle Vague und des New Hollywood und einzelnen Namen wie Alfred Hitchcock oder Ingmar Bergmann. Ein Problem der Auteur-Theorie besteht darin, dass der Film eine extrem arbeitsteilige Kunst ist und dass der Beitrag der vielen, die neben dem Regisseur beteiligt sind, entwertet wird. Außerdem haben auch große Studios inzwischen den Autor für ihre Vermarktungsstrategien entdeckt und rufen regelmäßig z. B. den „neuen Hitchcock" aus.

Unzuverlässiges Erzählen/ Multiperspektivität

Im Autoren- und Independentkino (▶ Info Seite 14) wird die geschlossene Form deshalb auch als Einengung empfunden und durch Mittel einer offenen Erzählweise ergänzt oder ersetzt. Im heutigen Film gibt es zahlreiche Varianten der offenen Form. *5x2* erzählt z. B. seine Geschichte entgegen der Chronologie. Der Zerfall einer Ehe wird in fünf Episoden vorgebracht, beginnend mit der Scheidung. Zunehmend häufig verwenden Filme auch die Mittel des unzuverlässigen Erzählens* und der Multiperspektivität*, obwohl offene Formen* der Dramaturgie im kommerziellen Film als „Kassengift" gelten (▶ vgl. Kap. 9). Für diese Entwicklung, die insgesamt zu mehr Vielfalt im Kino führt, lassen sich mehrere Ursachen finden. Ein Faktor ist die Krise des Blockbuster-Films (▶ Info Seite 57), der sich überwiegend an ein sehr junges Publikum wendet. Bei der Suche nach Auswegen lassen Produzenten auch wieder vermehrt kreativen Regisseuren freie Hand, um Zuschauer anzusprechen, die an ambitionierten Filmen interessiert sind. Der Siegeszug der DVD und neue Vertriebswege durch das Internet machen es zudem wesentlich rentabler als früher, auch Filme zu vermarkten, die nicht konventionellen Erzählmustern folgen und deshalb ein begrenztes Publikum haben. Der Zuschauer wiederum ist deshalb nicht mehr gezwungen, einen Mainstream*-Geschmack zu haben, sondern findet leichter Zugang zu Filmen, die seinem Anspruch genügen.

Info

Independent-Film: Eine Bezeichnung für Filme, die außerhalb der großen globalisierten Produktionsfirmen entstanden sind. Eine unabhängige Produktionsweise (engl. „independent") kann bedeuten, dass der Hersteller sich noch nicht im Geschäft etabliert hat oder dass Investoren gänzlich außerhalb der Filmindustrie stehen. Viele Independent-Filme unterscheiden sich kaum vom Mainstream, die Aussicht, dass sie künstlerische Risiken eingehen und in Dramaturgie und Filmsprache von den Konventionen abweichen, ist aber bedeutend größer als dort. Dies liegt auch daran, dass sie oft mit geringen Finanzmitteln ausgestattet sind („Low Budget") und deshalb kreative und ungewöhnliche Lösungen suchen müssen. Ihr Produktionsapparat ist auch weniger schwerfällig als bei den weltumspannenden „Majors". Die Unabhängigen gelten als „cool" und „hip", weshalb die Großen dazu neigen, sich erfolgreiche „Indies" einzuverleiben. Das bekannteste Beispiel ist die Firma Miramax, die 1994 von Disney gekauft wurde.

Serielles Erzählen

Offene Formen des Erzählens findet man im Übrigen auch in der seriellen Dramaturgie, also z. B. in den *Spider-Man*-Filmen. Dabei geht es meistens aber nicht darum, einen engeren Realitätsbezug herzustellen oder den Zuschauer zu aktivieren. Die Offenheit ist nicht thematischer Natur, vielmehr werden hier am Ende von Filmen Fragen aufgeworfen, die schon auf den Plot* der Fortsetzung vorausdeuten. Es ist ein Mittel der Spannungserzeugung, wenn am Ende des ersten Teils von *Spider-Man* Harry Osborn Rache schwört und der Zuschauer sich fragt, wie diese wohl aussehen wird. Wichtige Innovationen im Bereich des seriellen Erzählens entstanden in den ersten Jahren des 21. Jahrhunderts weniger im Bereich des Kinos, sondern eher durch Fernsehserien wie *24* und *CSI*.

1.6 Filmbeispiele: Alles auf Zucker/Lost in Translation

Struktur der Heldenreise

Alles auf Zucker (▶ Abb. 1, Seite I) ist eine temporeiche Komödie des Regisseurs Dani Levy über eine deutsch-jüdische Familie in Berlin. Der Film berührt die Frage jüdischer Identität in Deutschland und thematisiert darüber hinaus den Konflikt zwischen Ost und West. Er hat aber auch eine Dramaturgie, welche die Charakterentwicklung betont und auf der Struktur der Heldenreise aufbaut. Im Mittelpunkt des Plots* steht Jakob Zuckermann, genannt Jaecki Zucker, der mit einer klassischen Backstorywound* ausgestattet ist. Als er 1961 vierzehn Jahre alt war, wurde die Mauer gebaut. Zu diesem Zeitpunkt hielten sich seine Mutter Rebecca und sein Bruder Samuel gerade im Westen auf. Während sie nicht in die DDR zurückkehrten, wollte Jaeckie in seinem DDR-Sportinternat bleiben. Den Kontakt mit Mutter und Bruder brach er ab. Inzwischen versteht er sich auch noch als Verlierer der Wende, denn nach der Wiedervereinigung verlor er seine

Stellung als Sportreporter. Nun ist er ein windiger und selbstmitleidiger Zocker geworden, der seine Zeit in Kiez-Kneipen verbringt und wegen seiner Spielschulden laufend in Schwierigkeiten gerät. Er trauert der DDR nach und kümmert sich nicht um seine Kinder und seine Enkelin. Im ersten Akt kulminieren Jaeckies Nöte. In schneller Folge treffen Ereignisse ein, die es ihm unmöglich machen, noch länger in seiner gewohnten Welt weiterzuleben wie bisher. Zunächst wirft ihn seine Frau Marlene aus der Wohnung, weil er sie trotz gegenteiliger Beteuerungen immer wieder belügt und weiter Billard spielt. Kurz darauf erscheint der Gerichtsvollzieher, weil Jaeckie 40.000 Euro nicht zurückzahlen kann, und dann steht auch noch der DDR-nostalgisch aufgemachte Animierbetrieb seiner Freundin Linda vor der Pleite, und Jaeckie fühlt sich verpflichtet zu helfen. Diese Vorkommnisse dienen dem Plot als Auslöser, um die Handlung erheblich zu beschleunigen. Die Zielrichtung für Jaeckie besteht darin, möglichst viel Geld aufzutreiben, weshalb er sich an einem Billardturnier beteiligt, bei dem 100.000 Euro zu gewinnen sind. Zusätzlich lässt eine Erbschaft auf Rettung hoffen, denn die alte Rebecca ist gestorben, und plötzlich erscheint sein Bruder mit Frau und Kindern in Berlin. Die Mutter hat aber verfügt, dass ihre Söhne Jakob und Samuel sieben Tage streng nach jüdischem Ritual der Schiwa trauern müssen. Dabei sollen sie sich versöhnen, andernfalls würden sie leer ausgehen. Die Teilnahme am Billardturnier verbietet sich so eigentlich, was Jaeckie aber nicht davon abhält, es heimlich trotzdem zu tun. Mit dem ersten Ziel (Billard) verbleibt er in seiner gewohnten Welt, das zweite Ziel (Trauer und Versöhnung) setzt ihn aber einer neuen Erfahrung aus, die eigentlich eine alte ist. Die Familie, von der er vier Jahrzehnte lang getrennt war und die noch jüdische Traditionen pflegt, ist ihm fremd geworden. Seinen Bruder lehnt er nach wie vor ab. Deshalb weigert sich Jaeckie bis weit in den zweiten Akt hinein, sich auf die neue Welt einzulassen. Nur zum Schein erfüllt er die testamentarischen Bedingungen der Mutter, was ihm ohnehin schwerfällt, weil ihm die orthodoxen Riten und „koscheren" Speisen gar nicht hinlänglich vertraut sind. Der Held steht zudem unter dauerndem und unerhörtem Druck, weil er die beiden Ereignisse nur verbinden kann, wenn er wieder laufend lügt und zahlreiche Helfer ihm zur Seite stehen. Der Plot ist so konstruiert, dass Jaeckie gleich durch mehrere Deadlines* in die Enge getrieben wird: Sein Sohn, der Abteilungsleiter bei Jaeckies Bank ist, hat ihm eine neue Frist von drei Tagen für die Rückzahlung der Schulden gewährt. Die Versöhnung muss innerhalb einer Woche gelingen, und mehrmals muss Jaeckie sich fortschleichen, um pünktlich zum nächsten Spiel zu erscheinen. Sein wichtigster Gegenspieler ist der streng orthodoxe Neffe Joshua, den der Rabbi damit beauftragt hat, die Schiwa zu überwachen. Auch vor Marlene muss er sich vorsehen, die aber gleichzeitig zur Helferin wird, weil sie ebenfalls an der Erbschaft interessiert ist. Aus dieser Lage ergeben sich zahlreiche Prüfungen, die Jaeckie eine Weile lang meistert, bis er schließlich

Auslöser der Handlung

Jaeckies Ziel

gewohnte und neue Welt

Zeitnot

Gegenspieler

doch überfordert ist und zu spät zum Spiel erscheint. Der zweite Akt endet, ohne dass Jaeckie bereits zur Selbsterkenntnis gelangt ist. Die finale Auseinandersetzung findet schon sehr früh in Form einer Familienversammlung statt, bei der Marlene die anderen über Jackies wahres Verhalten aufklärt, dieser sich aber rechtfertigt und auf Verständnis trifft. Nach weiteren Verwicklungen kollabieren beide Brüder und finden sich gemeinsam in einem Krankenzimmer wieder. Erst hier ändert sich Jaeckies Ziel, als sein lange verborgener Wunsch nach Nähe zum Durchbruch gelangt. Die Aussprache und die Versöhnung sind am Ende die Belohnung des Helden, denn zu vererben hatte die Mutter nichts, wie sich herausstellt. Samuel ist für Jakob die „gesuchte Person". Jackie hat sich verändert, er ist nun weniger stur und getrieben und wird sich verantwortungsbewusster verhalten. Der Schluss deutet an, dass er ein Schlitzohr bleiben und gelegentlich ein Spiel machen wird, aber er wirkt dabei entspannt.

Jaeckies Veränderung und Belohnung

Lost in Translation (▶ Abb. 2, Seite I) von Sofia Coppola ist im Gegensatz zu *Alles auf Zucker* ein Film, der deutlich eher zur Verwendung der offenen Form* des Erzählens neigt. Dabei beginnt der Plot* wie eine typische Heldenreise. Beide Protagonisten befinden sich in einer Lebenskrise. Zwei Amerikaner, ein alternder Mann und eine junge Frau, begegnen sich in Tokio, einer glitzernden Riesenstadt, von der sie sich überwältigt fühlen. Trotzdem müssen die beiden hier keine Schwelle überschreiten, Tokio ist für sie nur eine Steigerung im Vergleich zu ihrer gewohnten Umgebung. Hier wird ihnen ihre Fremdheit in der Welt aber schmerzhaft bewusst. Aus dieser Situation entwickelt sich auch wenig Bewegung; das Gleichgewicht der Kräfte wird kaum verändert. Der Film ist handlungsarm, dafür stärker thematisch ausgerichtet. Seine Spannung entsteht nicht aus einem eng geknüpften Plot*, sondern aus der Entwicklung überraschender Einsichten. Er erforscht, wie schwer es ist, mit Kälte und Beziehungslosigkeit umzugehen, gibt aber nicht vor, eine Lösung zu wissen. Die eigentliche Arbeit müssen Bob und Charlotte erst noch tun, nachdem sie sich am Ende des Films wieder getrennt haben. Dabei erfährt der Zuschauer nicht einmal, was Bob ihr beim Abschied zuflüstert. Das offene Ende ist Teil einer filmischen Dramaturgie, welche die Orientierungslosigkeit im Leben der beiden widerspiegelt. Bob und Charlotte lernen sich mehr oder weniger zufällig kennen und lassen sich ein paar Tage lang gemeinsam passiv und ziellos treiben. Sie haben keine Backstorywound* und keinen menschlichen Gegenspieler. Ihr Feind ist die Anonymität der Massengesellschaft, in der man als Individuum nur bestehen kann, wenn man sich schrill und extrovertiert benimmt. An diesem Kampf um Aufmerksamkeit wollen Bob und Charlotte sich nicht beteiligen, deshalb erleben sie keine Kämpfe und Prüfungen. Die Vorstellung von Abenteuern erscheint ohnehin abwegig angesichts der sich endlos auftürmenden Hochhausfassaden und Leuchtreklamen, vor denen das Ich sich nur winzig klein vorkommen kann. Der eigentliche Erfolg der

Übergewicht des Themas über den Plot

Figuren besteht darin, dass sich für kurze Zeit verwandte Seele finden und dass Einsamkeit einen Moment lang überwunden wird. Bob und Charlotte machen Fortschritte, aber diese sind unmerklich in ihren Gesten versteckt, weniger an Wendepunkten in der Handlung festzumachen. Auf übliche Standardsituationen wie eine sexuelle Affäre verzichtet der Film. So wird insgesamt die feste Fügung eines zusammenhängenden Handlungsaufbaus zugunsten lose gereihter Szenen* aufgegeben, die starken Eigenwert gewinnen wie in den drei Fällen, in denen Charlotte inmitten der hektischen Hightech-Welt auf Relikte der traditionellen japanischen Kultur trifft. Eine Tempelzeremonie, ein Ikebana-Lehrgang und eine Hochzeitsfeier liefern gedankliche Anregungen, ohne gleichzeitig die Handlung voranzutreiben. Schönheit und Würde stehen hier im Kontrast zu der Flüchtigkeit und Hässlichkeit der Moderne. Es sind Szenen, die so konzipiert sind, dass sie nur zum Schauen auffordern und Denkprozesse fördern. Auch die vielen Personen neben Bob und Charlotte haben weniger eine dramaturgische Funktion, sie lassen sich kaum Aktionsbereichen zuordnen. Charlottes Ehemann, die amerikanische Schauspielerin, die Jugendlichen in der Spielhalle, der Talkshow-Moderator sind allesamt Kontrastfiguren zu Charlotte und Bob. Sie stürzen sich fast verzweifelt in das Rennen um Beachtung, stärken damit aber nur deren Entfremdung.

Lose Reihung der Szene

Schauen und Denken

Fragen für einen ersten Zugang:

- Hat der Zuschauer von Beginn an das Gefühl einer sich nahtlos und zielstrebig entfaltenden Handlung?
- Gibt es eine deutlich erkennbare Haupthandlung mit einem oder mehreren Protagonisten?
- Gibt es am Anfang ein Gleichgewicht zwischen widerstrebenden Kräften? Wird es gestört und später wieder hergestellt? Wodurch?
- Worin besteht das Problem des Helden? Hat er eine Backstory-wound?
- Worin unterscheidet sich die Situation des Helden am Anfang von der am Ende? Hat er sich verändert?
- Lassen sich Figuren auf Aktionsbereiche aufteilen?
  Gibt es Figuren, die mehreren Aktionsbereichen angehören oder ihren Bereich wechseln?
- Wodurch wird Spannung erzeugt?
- Welche Wendepunkte finden sich in der Handlung?

- Bleiben am Ende des Films wichtige Fragen offen?
- Gibt es Szenen, die wenig oder gar nichts zur Haupthandlung beitragen? Welche Funktion haben diese Szenen?
- Welche Bedeutung haben thematische Aspekte gegenüber der Handlung?

Aktivität 1

Sehen Sie sich einen Spielfilm an, den sie noch nicht kennen, von dem sie aber aufgrund der Vorankündigung vermuten können, dass er ein Beispiel für klassisches Erzählkino ist und somit von der „Reise eines Helden" berichtet.

Unterbrechen Sie den Film mehrfach an Stellen, die geeignet erscheinen. Versuchen Sie jeweils vorherzusagen, wie der weitere Handlungslauf aussehen wird.

Überlegen Sie, in welcher Weise der Held sich verändern wird.

Überprüfen Sie am Handlungsverlauf, inwiefern Ihre Hypothesen zutreffend waren.

Aktivität 2

Wählen Sie eine mythologische Erzählung aus, z.B. aus den Kinder- und Hausmärchen der Brüder Grimm.

Stellen Sie fest,

- inwieweit darin die „Reise eines Helden" berichtet wird,
- welche Aktionsbereiche vorkommen und von welchen Figuren sie vertreten werden,
- welche Wendepunkte die Handlung nimmt.

Entwickeln Sie anschließend aus der Erzählung eine moderne Version, welche die Grundlage für einen Film sein soll, dessen Handlung in der Gegenwart angesiedelt ist. Schreiben Sie Ihre Ideen in Form eines Exposés von ca. zwei Seiten Länge auf, das sie bei einer Produktionsfirma einreichen könnten.

2 Der Erzähler

Die organisierende Instanz

Ein Film konfrontiert den Zuschauer mit einer großen Fülle von Informationen unterschiedlicher Art und Herkunft, aus denen er sich ein Bild von der dargestellten Welt mit ihren Figuren machen soll. Alle Aspekt der filmischen Erzählung wirken zusammen in einem Akt der Kommunikation mit dem Publikum. Dieser macht aber nur Sinn, wenn die vielen Informationen nicht beliebig, sondern funktional ausgewählt und arrangiert sind, nämlich so, dass sie als hinreichend und bedeutsam empfunden werden. Dazu muss es eine organisierende Instanz (wie den Erzähler in der Literatur) geben, die den Informationsfluss lenkt, Entscheidungen trifft und mit dem Zuschauer in Beziehung tritt. In der Filmanalyse ist deshalb die Frage von Belang, wie diese Instanz beschaffen ist, die den Standpunkt liefert, von dem aus erzählt wird.
Dabei muss man grundlegend unterscheiden zwischen

- der Ebene der Vermittlung („Wer erzählt?“) und
- der Ebene der Figuren („Wer nimmt wahr?“).

Der Erzähler-Modus

Dahinter steht die Überlegung, dass ein Erzähler nicht identisch sein muss mit einer Figur, durch deren Augen der Zuschauer eventuell das Geschehen verfolgt. Die Frage „Wer erzählt?“ betrifft den Erzähler-Modus, also die Darbietung der Geschichte durch eine vermittelnde Instanz. Dabei kann es sich z. B. um eine Person handeln, die mittels der Technik des Voice-over* (▶ vgl. Kapitel 2.3, Seite 23 f.) die Handlung kommentiert und entweder Teil der Handlung ist oder darin gar nicht selbst in Erscheinung tritt. Es kann sich aber auch nur um einen Erzähler handeln, der gar nicht als Person konkret fassbar ist und völlig hinter das Erzählte zurücktritt. In keinem Fall darf der Erzähler mit dem Regisseur gleichgesetzt werden. Abgesehen davon, dass in der arbeitsteiligen Welt des Films zahlreiche Menschen gemeinsam kreativ auftreten (Drehbuchautoren, Kameraleute, Designer usw.), ist der filmische Erzähler ein Stellvertreter, an den die realen Autoren diese Aufgabe delegiert haben. Bei der zweiten Frage („Wer nimmt wahr?) geht es um den Reflektor-Modus, d. h. um die Vermittlung des Geschehens durch das Bewusstsein einer Figur, deren sich der Erzähler bedient.

Der Reflektor-Modus

Innenperspektive

Entscheidend ist, mit welchen Vollmachten der Erzähler ausgestattet ist, in welchem Umfang er vor allem Zugang zum Bewusstsein der Figuren hat. Eine konsequent subjektive Sichtweise, wie sie Romanlesern vertraut ist (vor allem in Ich-Erzählungen), wirkt über einen ganzen Film künstlich und unbefriedigend wie in *Die Dame im See*, wo die Kamera dauerhaft den Blickwinkel des Detektivs Philip Marlowe nachahmen soll und man den Protagonisten nur dann sieht, wenn er in einen Spiegel blickt. Überzeugender ist die Methode, die in *Rosemaries Baby* verwendet wird. Hier verfügen der Zuschauer und die Figur, deren Blickwinkel maßgebend ist, exakt über die gleichen Informationen, weil Rosemarie in keiner Szene* fehlt. Aber auch solche Fälle sind selten anzutreffen.

Im Mainstreamfilm* gehört die völlige Verdeckung der Vermittlungsebene zum Standard. Die Frage, wer erzählt, wird verschleiert. Dies gilt als ein unverzichtbarer Bestandteil des Kontinuitätssystems, das in Hollywood seit den zwanziger Jahren entwickelt wurde. (▶ vgl. Kap. 3, Seite 36) Nicht nur der Schnitt, sondern auch die Fiktionalität eines Films, die Tatsache des Erzähltwerdens, sollen möglichst vollständig aus dem Bewusstsein des Zuschauers getilgt werden, um den Realitätseffekt zu stärken. Man soll sich in jedem Moment der Vorstellung hingeben können, mitten in dem Geschehen zu stehen, das man neutral oder aus dem Blickwinkel von „Reflektorfiguren"* erlebt. Eine Figurenperspektive wird möglichst früh in einem Film eingenommen und durchgehalten, damit dem Zuschauer klar ist, „wessen" Geschichte er verfolgt. Dies ist in vielen Situationen eine überzeugende Lösung. Filmschaffende, die unter den Bedingungen einer kommerziellen und rationalisierten Produktion arbeiten, haben allerdings meistens keine andere Wahl, weil das Continuity System* als Voraussetzung für den finanziellen Erfolg gilt. Es befriedigt das Bedürfnis des Publikums nach Geschlossenheit und entlastet es von eigener Aktivität bei der Filmrezeption. In seiner Reinkultur hat es einen starken Gewöhnungseffekt und macht den Zuschauer zu jemand, der sich willig der „filmischen Hypnose" hingibt und der nicht merkt, wie durch einen geschickten Umgang mit Perspektiven maßgeblich Spannung und Gefühle erzeugt werden. Dies ist zum Beispiel der Fall, wenn der Zuschauer aus der übergeordneten Erzählinstanz* mehr Informationen hat als die Figur, von deren Standpunkt erzählt wird, er also z. B. schon weiß, dass hinter der nächsten Tür ein psychopathischer Mörder lauert. Ob man bei einer Verfolgungsjagd mehr mit dem Verfolger oder mit dem Gejagten hofft, hängt deutlich von der dominanten Perspektive in der Szene ab. Ziel der Filmanalyse sollte es sein, diese Lenkung des Betrachters offenzulegen.

Continuity System

Die filmische Hypnose

In vielen Filmen, die erhöhte Ansprüche an die Mitarbeit und Wahrnehmungskompetenz des Zuschauers stellen, gibt es Kontinuitätsbrüche und eine größere Vielfalt an Perspektiven. Die Erzählebene tritt insgesamt stärker in den Vordergrund. Besondere Fälle sind dabei das poly- oder multiperspektivische und das unzuverlässige Erzählen. (▶ vgl. Kap. 9, Seite 104 ff.)

2.1 Objektive Kamera

Der Zuschauer als Beobachter

Ein Eindruck von Objektivität kann entstehen, wenn die Kamera den Betrachter nicht zwingt, die Perspektive einer bestimmten Figur einzunehmen, und eher passiv das Geschehen aufzuzeichnen scheint. Bestimmte filmische Techniken wirken zusätzlich distanzierend, weil sie den Zuschauer wie einen unbeteiligten Zeugen oder Beobachter behandeln:

Totale und Halbtotale

Die Totale gibt es im klassischen Erzählkino* vor allem in Form des Establishing Shot*, der eine Ansicht des vollständigen Handlungsortes präsentiert und dem Zuschauer zur Orientierung dient, bevor sich die Kamera dem Raum in kleineren Einstellungsgrößen* nähert. Im Western und einigen andere Genres* findet die Totale u.a. in Kampf- und Duellszenen Verwendung. In vielen Autorenfilmen (▶ Info Seite 3), auch im italienischen Neo-Realismus (▶ Info Seite 110, Realismus*) werden Totale und Halbtotale bevorzugt verwendet. Der Zuschauer kann den Blick schweifen lassen und hat eine größere Freiheit des Schauens. Diese wird außerdem gefördert durch lange Einstellungen:

Freiheit des Schauens

Lange Einstellungen

Langsamkeit und Sehen

Langsamkeit ist eine Voraussetzung für ein gelassenes und geduldiges Sehen. Kurze Einstellungen* machen atemlos: Wenn sie dominieren, können sie dem Zuschauer einen Zeittakt aufgenötigen, der sich mit seinen Wahrnehmungsfähigkeiten eventuell nicht vereinbaren lässt. In heutigen Hollywood-Filmen hat sich die durchschnittliche Einstellungslänge gegenüber früher auf ca. acht Sekunden halbiert. Wenn eine Einstellung aber mindestens fünfzehn Sekunden lang ist und möglichst mit der Totalen oder Halbtotalen kombiniert wird, gewährt sie dem Zuschauer mehr Muße, sich aus einem Abstand heraus selbst einen Zugang zu dem Gesehenen zu wählen. In einigen Filmen wechseln sich auf markante Weise Sequenzen mit langen Totalen und kurzen Einstellungen ab. In *Zabriskie Point* und *Local Hero* kontrastiert die erzählende Instanz so eine hektische, moderne Lebensweise mit einer ruhigen, naturverbundenen.

Kamera löst sich vom Geschehen

Die Kamera als Kommentator

Auch dadurch entsteht Distanz: Dies kann u. a. bedeuten, dass die Kamera unbeweglich bleibt, während sich ihr etwas nähert, oder dass sie sich von einem Objekt oder einer Person in eigentümlicher Weise entfernt, etwa wenn sie eine Wohnung durchstreift, welche eine Figur bewohnt. Auch hier gibt es lange Einstellungen; der Schnitt tritt in seiner Bedeutung zurück. Die Kamera macht dabei auf ihre eigene Tätigkeit aufmerksam und übernimmt gleichzeitig die Funktion eines Kommentators auf der Erzählebene. Ein Beispiel dafür ist die Szene* aus *Zabriskie Point* von Michelangelo Antonioni, die in einer Polizeistation spielt. Darin schwenkt die Kamera von den Figuren weg und fährt über Papiere, Ordner und Karteikästen, womit sie zum Ausdruck bringt, dass an diesem Ort das Menschliche von der Bürokratie überwuchert wird. In *Million Dollar Baby* zoomt (Zoom*) die Kamera plötzlich auf die Platzwunde im Gesicht eines Kämpfers und dringt quasi in sein Inneres vor, während die Erzählstimme gerade über das Wesen des Boxens nachsinnt. Diese Art der Kameraführung findet sich vorwiegend in

Filmen mit starker Autorenpräsenz, bei Regisseuren wie Orson Welles (*Citizen Kane*), Alfred Hitchcock (*Marnie*) oder Stanley Kubrick (*Shining*).

2.2 Subjektive Kamera

Der Blickwinkel einer handelnden Figur

Eine Kameraführung, die den begrenzten Blickwinkel ei ner handelnden Figur nachahmt und zeigt, was sie sieht und wie sie es sieht, ist subjektiv. Sie verwickelt den Zuschauer in die Handlung und erzeugt Identifikation. Man hat den Eindruck des „Dabei-Seins", Gefühle des Charakters wie Freude oder Furcht übertragen sich auf den Betrachter. Einige filmische Techniken vermitteln besonders wirksam, dass wir die Perspektive einer Figur teilen:

Point-of-View-Shot (kurz: POV-Shot)
Diese Einstellung ist u. a. zentraler Bestandteil einer üblichen Schnittfolge, die oft mit einem „gaze shot" (von „to gaze" = schauen) beginnt, der das Gesicht einer Figur gezeigt, die ihren Blick auf etwas richtet, das der Zuschauer noch nicht sehen kann. Nachdem so der Beobachterstandpunkt definiert ist, nimmt die Kamera in der nächsten Einstellung die Position der Figur ein und zeigt das, was diese anschaut (POV-Shot). Anschließend kann noch ein „reaction shot" folgen, welcher die Wirkung des Gesehenen im Gesicht der Figur zeigt (als Gleichgültigkeit, Freude, Ärger o. ä.).

Over-the-Shoulder-Shot
Bei dieser Einstellung blickt der Zuschauer der Figur, von der nur ein Teil des Körpers und des Kopfes im Bildrahmen zu sehen sind, von hinten über die Schulter. Diese Methode eignet sich besonders in Dialogszenen, in denen man annähernd den Blickwinkel eines Gesprächspartners einnehmen soll.

Weitere Techniken der Subjektivität

Während diese Techniken vor allem den optischen Blickwinkel einer Figur mitteilen, gibt es eine Fülle von weiteren Möglichkeiten, durch welche die subjektive Perspektive eine tiefere psychologische Dimension erhält. In Werken wie *Shining* und *Spider* gelingt es durch das Zusammenwirken vieler filmischer Komponenten sogar, den subjektiven Blick von Figuren einzufangen, die in Wahnsystemen befangen sind. Bestimmte Zustände einer Figur, ihre Gefühle können u. a. zum Ausdruck kommen durch

- Verwackelungen, Verzerrungen, Unschärfen,
- schnelle Kamerafahrten*,
- den Montagerhythmus,
- den Kamerawinkel* (aus dem zum Beispiel eine Figur auf einen überlegenen Rivalen heraufblickt),

Schließlich werden in vielen Filmen wie *Wilde Erdbeeren* auch Traum- und Erinnerungssequenzen als Teil der Innenwelt vermittelt. Oft leitet eine Überblendung sanft dazu über.

Zahlreiche andere Mittel eines Films geben auf indirektere Art Aufschluss darüber, wie eine Figur die Welt erlebt, und erlauben dem aufmerksamen Zuschauer Einblick in ihre Empfindungen und Gedanken. In erster Linie müssen dabei die Dialoge und der Bereich des Schauspiels genannt werden. In vielen Fällen dienen auch große Teile der Musik dem Ausdruck subjektiver Stimmungen von Figuren. Bei gut ausgestatteten Filmen sind auch Elemente des Design wie die Kleidung, Einrichtungsgegenstände, Accessoires usw. Ausdruck der Subjektivität der Charaktere. Wie bereits erwähnt, gibt es allerdings nur sehr wenige Filme, die vollständig aus dem Blickwinkel einer oder mehrerer Figuren erzählt sind. Meistens herrscht eine Verbindung aus objektiven und subjektiven Perspektiven vor.

2.3 Voice-over

Zwei Arten von Erzählerstimmen

Durch Voice-over können in einem Film sowohl objektive wie subjektiv gefärbte Perspektiven etabliert werden. Dabei hört der Zuschauer die Stimme eines Sprechers, die über die Bilder des Films gelegt wird. Diese Person ist nicht im filmischen Raum anwesend; weder ist sie auf der Leinwand zu sehen noch könnte sie aus dem „Off" hereintreten. Es handelt sich um eine Parallele zum Erzähler in der Literatur. Dabei gibt es wichtige Unterschiede zwischen Erzählerstimmen, die Figuren gehören, welche selbst Teil der Handlung sind, und solchen, die darin gar nicht oder nur in einer Rahmenhandlung erscheinen (z. B. als Engel) oder sogar anonym bleiben.

	Voice-over durch Figuren, die Teil der Handlung sind	**Voice-over durch Figuren, die nicht Teil der Handlung sind**
Wirkung	subjektivierend	überwiegend distanzierend
Mögliche Funktionen	• gibt Informationen über eigene Lebensgeschichte • erlaubt Einblicke in Wünsche, Gedanken, Ängste der Figur • dient der Selbstrechtfertigung, Beichte usw.	• gibt Informationen, die sonst nur umständlich beizubringen wären • interpretiert die Geschichte, verallgemeinert • Stimme der Autoren • ironische Kommentare

Grenzen der Voice-over-Technik

Voice-over ist als filmische Technik heute weniger in Gebrauch als noch in den fünfziger Jahren. Generell versucht man inzwischen im Film möglichst alles visuell oder durch Dialog und Musik zum Ausdruck zu bringen, also mehr zu zeigen und weniger zu erklären. Das Gesicht des Protagonisten in *Capote*, der Babybrei löffelt, in den er sich Whiskey gemischt hat, genügt, um zu erkennen, dass er ein gebrochener Mann ist, auch ohne Erzählerkommentar. Eine Grundregel für das Voice-over lautet, dass die Stimme nicht das wiederholen sollte, was ohnehin auf der Leinwand zu sehen ist. Martin Scorseses *Casino* wurde andererseits kritisiert, weil der Film im Voice-over ausufernde Informationen über Las Vegas liefert, die wenig mit der Handlung zu tun haben.

Film Noir: Genre des amerikanischen Kriminalfilms der vierziger und fünfziger Jahre, das in Retro-Wellen immer wieder erneuert wird (z. B. in *Chinatown* und *Black Dahlia*). Der Film Noir weicht stark von den Gepflogenheiten des Mainstream ab; aus ihm heraus hat sich ein Stil entwickelt, dessen Einfluss bis heute in zahlreichen Filmen wie *Basic Instinct* zu finden ist. Der klassische Film Noir ist zwar nicht offen politisch, er spiegelt aber das Unbehagen an einer Gesellschaft wider, die als korrupt und undurchschaubar empfunden wurde. Das Zentrum dieser moralisch verkommenen Welt ist Los Angeles. Im Film Noir wird die „City of Angels" demaskiert. Vor dem Hintergrund eines entfesselten und gierigen Kapitalismus werden zynische „Tough Guys" in Situationen verstrickt, die sie nicht beherrschen, und von berechnenden Frauen ins Unglück gestürzt. Fast alle Beispiele des Genres sind in Schwarzweiß gedreht. Eine alptraumartige Atmosphäre, düstere Schauplätze, ungewöhnliche Kameraperspektiven, sarkastische Voice-over-Stimmen und verschachtelte Erzählstrukturen sind Ausdruck der existenziellen Verunsicherung der Figuren.

Einsatzmöglichkeiten

Wenn Voice-over-Kommentare verwendet werden, muss dafür ein besonderer Grund erkennbar sein. Im Film Noir gehört sie zu den unverzichtbaren Konventionen, auch in modernen Varianten dieses wichtigen Genres* wie *Sin City*. Die Erzählstimme in *Seabiscuit* trägt wesentlich dazu bei, den absichtlich altmodisch-nostalgischen Charakter des Films zu bewerkstelligen. In diesem Film häufen sich auch Fälle, in denen Nebenfiguren wie der Ersatzjockey stellvertretend für die Autoren die Handlung kommentieren („Es ist besser, einem Mann das Bein zu brechen als das Herz."). In *Fight Club* wiederum ist die Hauptfigur Jack zugleich der Voice-over-Erzähler, der ein Selbstgespräch führt, was sich letztlich als eine der falschen Fährten erweist, die der Film legt.

Ein gelungenes Beispiel für die Verwendung einer Erzählstimme gibt es in *Million Dollar Baby*. (▶ Abb. 3, Seite II) Darin findet der Boxtrainer Frankie Dunne keine Ruhe, weil er glaubt, das Unglück dreier Menschen verursacht zu haben: seiner Tochter, die sich von ihm losgesagt hat und im Film niemals erscheint, seines ehemaligen Boxers Eddie „Scraps" Dupris, der in seinem letzten Fight ein Auge verloren hat, und Maggies, die sich bei einem Kampf den Halswirbel bricht und gelähmt bleibt. Die Voice-over-Stimme gehört Scraps, aber erst am Ende des Films stellt sich heraus, dass seine ganze Erzählung ein Brief war, in dem er Frankie die Absolution erteilt, die er nirgendwo finden konnte, auch nicht bei dem katholischen Priester, dessen Messe er dreiundzwanzig Jahre lang besuchte. Dies erfahren aber nur der Zuschauer und Frankies Tochter, an die der Brief gerichtet war. Frankie selbst ist spurlos verschwunden, nachdem er Maggie Sterbehilfe geleistet hat. Dass der Erzähler in *Million Dollar Baby* unaufdringlich wirkt, hängt damit zusammen, dass er nicht allwissend ist. Er ist Teil der erzählten Welt, nimmt darin aber nicht die zentrale Stellung ein, welche Frankie gebührt. Man erfährt von ihm nicht, was Frankie seiner Tochter vor vielen Jahren angetan hat, und auch nicht, was aus ihm geworden ist. Indem die Erzählung so einige wichtige Informationen vorenthält, aktiviert sie den Zuschauer, der selbst Stellung beziehen muss. Dabei klingt in Scraps Perspektive, welche die Vergangenheit ausleuchtet, die Lebensweisheit des Alters an. Erst sie erhebt die Behandlung der Themen Schuld und Verantwortung über den üblichen psychologischen Realismus* hinaus. Dass sein Rückblick durch Voice-over* herausgehoben ist, schafft den Überblick und die Distanz, zu denen sich Frankie in seinen jahrzehntelangen Verstrickungen nicht vorarbeiten konnte. In den überraschenden Schlusssätzen von Scraps Brief scheint besonders deutlich Frankies Tragik auf: Er ist ein guter Mensch, weiß es selbst aber nicht.

2.4 Blicke

Kamera als Auge des Voyeurs

Beim Verhältnis zwischen dem Erzähler, der dargestellten Welt und dem Zuschauer im Kino spielt die Schaulust eine Rolle. Im dunklen Saal fühlt man sich unbeobachtet und kann sich ungestört und, ohne es als peinlich zu empfinden, der Faszination des „voyeuristischen Blicks" hingeben – vor allem auf Akte der Gewalt und auf erotische Körper. Manchmal ist die Funktion der Kamera als Auge des Voyeurs besonders deutlich, etwa wenn sie heimlich und lauernd hinter einem Vorhang hervorsieht oder durch ein Schlüsselloch schaut, was man oft in Horrorfilmen findet. In Kriegsfilmen wie *Das Boot* gehört dagegen der Blick durch ein Periskop oder ein Fernglas zum Standard. In Alfred Hitchcocks erstem Film *Irrgarten der Leidenschaft* sieht der Zuschauer ein paar nackte Mädchenbeine durch das Opernglas eines Varietébesuchers. Zahlreiche Filme (*Vertigo*; *Das Fenster zum Hof; Sex, Lügen und Video*) thematisieren den voyeuristischen Blick selbst. *Augen der Angst (Peeping Tom)* und *Caché* sind herausragende Beispiele für Filme, die den Zuschauer mit der Kamera als Machtinstrument konfrontieren und erfahrbar machen, wie das Beobachtetwerden Gefühle der Ohnmacht und des Ausgeliefertseins hervorrufen.

Der männliche Blick

Es gibt auch Versuche im Bereich der Gender Studies (▶ Info Seite 125 f.), das Geschlecht der erzählenden Instanz* im Film festzustellen. Einer umstrittenen, aber sehr einflussreichen Theorie von Laura Mulvey zufolge ist der Blick im herkömmlichen Film männlich („the male gaze"), das Objekt des Blicks hingegen weiblich. Dahinter steht die Vorstellung, dass Frauen im

Film häufig nur passive Objekte des Begehrens für starke, aktiv handelnde Männer sind, die gleichzeitig die Perspektive für die Erzählung liefern. Die Männer, mit denen sich der Zuschauer identifiziert, sind dafür zuständig, die Handlung voranzutreiben. Die Frauen hingegen werden zur Schau gestellt und von den Männern (im Film und im Kino) angesehen. Bei ihnen steht die Ausstrahlung im Vordergrund, die den Phantasievorstellungen der Männer entsprechend geformt ist.

Grenzen der Theorie

Ein typisches Beispiel ist die berühmte Verhörszene aus *Basic Instinct*, in der Catherine Tramell, gespielt von Sharon Stone, im Zentrum der Kamera steht und von einer Reihe von ausschließlich männlichen Polizeibeamten angeschaut wird. Die Frage, ob sie beim Übereinanderschlagen der Beine Unterwäsche unter ihrem Kleid trug oder nicht, war für die skandalträchtige Wirkung des Films von ausschlaggebender Bedeutung. Dieser klassische Beleg für den „männlichen Blick" zeigt aber auch einige Grenzen der Theorie auf, denn die Verteilung der Eigenschaften Schwäche/Passivität bzw. Stärke/Aktivität auf die Geschlechter hat sich in diesem Film verkehrt. Tramell ist reich und erfolgreich, dabei der Typus der „Femme fatale", einer dämonischen Verführerin, die sich auch über soziale Normen hinwegsetzt. Der von Michael Douglas dargestellte Detektiv Curran ist ihr nicht nur unterlegen, sondern hilflos ausgeliefert. Dieses Beispiel zeigt, dass die Bilder von Männlichkeit und Weiblichkeit im Film vielfältig und ambivalent sind. Weil sie gleichzeitig einen großen gesellschaftlichen Einfluss haben, sollten sie auch bei der Filmanalyse berücksichtigt werden.

2.5 Zeitstruktur

Zu den wichtigsten Mittel, über welche die erzählende Instanz verfügt, um die Aufmerksamkeit des Zuschauers zu lenken, gehört die Zeitdarstellung. Dabei ist zunächst die Anordnung der Ereignisse von Bedeutung. Zu unterscheiden ist zwischen:

- Chronologie,
- Aufhebung der Chronologie, vor allem durch Rückblenden* („flashbacks"),
- Simultaneität.

Simultaneität gibt es im Film häufiger als in der Literatur. Die Parallelmontage* gleichzeitig ablaufender Vorgänge ist eine der Techniken, die in der Literatur oft als „filmisch" bezeichnet werden, wenn sie dort Verwendung finden. Dagegen findet die Aufhebung der chronologischen Abfolge im Film meistens nur als Rückblende („flashback") statt. Vorauswendungen („flashforward") sind hier seltener zu finden als in der Literatur, schon weil sie zu sehr gegen das Kontinuitätsprinzip verstoßen. Weiterhin ist zu unterscheiden zwischen:

- Erzählzeit, die Zeitspanne, die benötigt wird, um einen Film zu sehen,
- Erzählter Zeit, der Zeitspanne, die in der Geschichte selbst vergeht.

Das Verhältnis zwischen diesen beiden Aspekten kann sehr unterschiedlich sein. So gibt es

- Zeitdeckung (Erzählzeit* und erzählte Zeit* sind gleich lang),
- Zeitraffung (durch eine zügige Aufreihung von Ereignissen oder durch Bildbeschleunigung),
- Zeitdehnung (Zeitlupe),
- Auslassungen (Ellipsen*: Zeiträume werden übersprungen).

Zeitstruktur und Zuschauerlenkung

Generell kann man sagen, dass einem Ereignis umso mehr Bedeutung beigemessen wird, je mehr Erzählzeit man ihm widmet. In *Million Dollar Baby* gehen die ersten Boxkämpfe wie im Flug vorbei, in starker Raffung werden jeweils nur kurze Momente gezeigt. Maggie schlägt jede Gegnerin mit Leichtigkeit, und alles drängt auf den herbeigesehnten Weltmeisterschaftskampf hin, bei dem es zwar keine Zeitdeckung gibt, von dem der Film aber längere Passagen zeigt. Er führt schließlich den entscheidenden Wendepunkt herbei: Als die Kamera in das wutverzerrte Gesicht der anderen Boxerin blickt, verlangsamt sich der Zeitfluss. Das Einsetzen der Zeitlupe ist ein Signal, dass jetzt das Entsetzliche kommt: Der Moment ist förmlich eingefroren, als sie Maggie noch nach dem Gong niederschlägt, dabei mit dem Kopf hart auf den Ringstuhl fällt und die Zuschauer im Saal erschrocken aufspringen. Durch die Zeitdehnung stockt dem Betrachter des Films der Atem, spürt er die Unausweichlichkeit des Grauens.

Ein ungewöhnlicher Effekt ist das Einfrieren der Zeit. Am Anfang von *Getaway* tritt der Protagonist „Doc" McCoy vor die Kommission, die seine vorzeitige Haftentlassung beschließen kann, erhält einen abschlägigen Bescheid und kehrt an seinen Arbeitsplatz in der Gefängniswerkstatt zurück. Dabei stockt mehrmals das Bild, zwar nur für kurze Momente, aber lange genug, um zu verdeutlichen, wie die Aussicht auf weitere Jahre des Eingesperrtseins die Zeit für Doc stillstehen lässt.

Objektive Zeit/subjektives Zeitempfinden

Die objektiv messbare Zeit, die in einer Filmszene verstreicht, kann im Übrigen stark von dem subjektiven Zeitempfinden einer Figur abweichen, was durch das Tempo der Schnittfrequenz, die Kamerabewegungen, die Länge der Einstellungen* usw. deutlich gemacht wird. Manchmal geschieht das auch durch eine Manipulation der Beziehung zwischen Erzählzeit und erzählter Zeit. Der Echtzeit-Thriller *Gegen die Zeit* schildert einen Fall von Erpressung. Wenn der von Johnny Depp gespielte Charakter nicht innerhalb von neunzig Minuten die Gouverneurin von Kalifornien ermordet, wird seine entführte Tochter umgebracht. Tatsächlich dauern die letzten und für ihn und den Zuschauer besonders dramatischen zehn Minuten der erzählten Zeit im Film mehr als doppelt so lang.

2.6 Filmbeispiel: Die fabelhafte Welt der Amélie

Jean Pierre Jeunets Film *Die fabelhafte Welt der Amélie* (▸ Abb. 4 und 5, Seite II und III) ist ein modernes Großstadtmärchen, in dem es um die Erlösung einer ganzen Reihe von Figuren aus ihrer Einsamkeit geht. Dabei greifen Erzähler- und Figurenebene auf recht komplexe Weise ineinander. Es gibt eine Voice-over-Stimme*, die sich häufiger mit Informationen und Kommentaren meldet und recht deutlich Partei für die junge Protagonistin Amélie Poulain (gespielt von Audrey Tautou) ergreift. Diese hat sich nach einer Jugend bei lieblosen Eltern in eine Phantasiewelt zurückgezogen, bis sie eines Tages beschließt, „sich in das Leben anderer einzumischen". Dies tut sie, indem sie Mitmenschen, denen es nicht gut geht, zu ihrem Glück verhilft oder zu einer kleinen Rache für erlittene Ungerechtigkeiten. Sie wirkt erfolgreich im Hintergrund, ist aber zu schüchtern, als es darum geht, ihr eigenes Schicksal in die Hand zu nehmen, nachdem sie sich in Nino verliebt hat. So müssen einige Verwicklungen überstanden werden, bis sie mit ihm vereint ist.

Allwissender Erzähler

Der allwissende Erzähler verfügt völlig frei über die Zeit. Er unterbricht die Chronologie und fügt Rückblenden* ein (oft in schwarzweiß), gibt sogar Vorausdeutungen („In 48 Stunden wird das Schicksal von Amélie eine unerwartete Wendung nehmen"). Amélies Kindheit wird zügig in wenigen Minuten behandelt. Die neun Monate der Schwangerschaft vor ihrer Geburt schrumpfen zu wenigen Sekunden, in denen der Zuschauer im Zeitraffer sieht, wie der Bauch der Mutter anwächst. Der entscheidenden Phase ihres Lebens, einem Zeitraum von einigen Monaten in ihrem vierundzwanzigsten Lebensjahr, kommt der überwiegende Teil der Erzählzeit zu. Der stark geraffte Anfang des Films vermittelt aber schon im Kern die grundsätzliche Auffassung des Erzählers vom Leben – dass man es nämlich nicht rational planen und steuern kann. Der Vater, ein Arzt, isoliert seine Tochter von anderen Kindern, nachdem er fälschlicherweise einen Herzfehler bei ihr diagnostiziert hat , und die Mutter stirbt durch einen außergewöhnlichen Zufall: Eine Selbstmörderin, die sich von Notre Dame stürzt, fällt ihr auf den Kopf und erschlägt sie. Entsprechend ist das Wirklichkeitsbild des Erzählers für den ganzen Film. Er bringt seine Geschichte weit weniger zielstrebig vor, als andere erfolgreiche Spielfilme, dafür mit Sinn für das Absurde. Er lässt sich auch Zeit, Seitenstränge und seltsame Einfälle und Fragen (wie die, ob es Geister in Fotoautomaten gibt) mitunter nur um ihrer selbst willen zu verfolgen. Zugleich ist der Erzähler ein Sammler mit dem Hang zum Detail, der nicht nur eine Vielzahl von Menschen zusammenführt, sondern auch Figuren anhand von Listen charakterisiert, die besagen, was sie mögen und was nicht. Auf vielerlei Weise individualisiert er Menschen, die dem ersten Augenschein nach zu den „einfachen Leuten" gehören, und entdeckt mit menschenfreundlichem Humor das Besondere im Gleichen. Andererseits

*(Randnotiz: **Lebensauffassung des Erzählers**)*

zeigt er Zusammenhänge auf, wenn er zum Beispiel eine kurze Episode über einen Mann, der von der Beerdigung seines Freundes kommt, mit dem Vorgang der Zeugung Amélies parallelisiert und zusätzlich in ironischer Brechung mit dem Flug einer Fliege durch Paris verknüpft. Leben und Tod sind untrennbar verbunden, und der Einzelne ist nur ein bescheidener Teilnehmer am Kreislauf der Natur, zu dem auch die Fliege gehört. Das Café am Montmartre, in dem Amélie arbeitet, wird dabei zu einem Mikrokosmos, der die große Welt im kleinen Maßstab repräsentiert. Schließlich ist der Erzähler auch jemand, dessen Wahrnehmungshorizont nicht auf das beschränkt ist, was der Alltagsvernunft zugänglich ist. Traum und Alltag sind hier untrennbar ineinander verwoben. So lässt der Erzähler etwa ein Bild, das in Amélies Wohnung hängt, lebendig werden und mit ihr sprechen. Da schon der Beginn den märchenhaften Charakter vorgibt, ist für den Zuschauer der gute Ausgang der Geschichte vorgezeichnet.

Handlungsort als Mikrokosmos

Nach wenigen Minuten der Erzählzeit tritt die Dominanz der Erzählstimme etwas zurück zugunsten der Figurenperspektive. Den Einschnitt bildet eine Szene*, in der sich die Kamera der nun erwachsenen Amélie von hinten nähert, ihr über die Schulter blickt und damit den Zuschauer in ihre Sicht der Dinge hinübergleiten lässt. Dabei decken sich Erzähler- und Figurenperspektive in vielen Bereichen: So, wie der Erzähler alles in ein märchenhaftes Licht taucht, „bezaubert" Amélie die Menschen durch ihr Wirken. Sie wird zu seinem Werkzeug, das Veränderungen in der Welt bewirkt; dabei verfolgt der Erzähler Amélies Werdegang mit großer Zuneigung. Sie selbst tritt teilweise aus ihrer Rolle heraus und bricht die Fiktionalität, indem sie das Publikum anspricht und für Momente selbst die Erzählerfunktion übernimmt.

Erzähler- und Figurenperspektive

Neben den üblichen Point-of-View-Shots* und Over-the-Shoulder-Shots* werden eine Reihe von weiteren, teilweise ungewöhnlichen Techniken verwendet, um Amélies subjektive Sicht zu vermitteln. Ihr Tatendrang, das Eintauchen in die urbane Atmosphäre von Paris oder rauschhaftes Glück erschließen sich in schnellen, etwas verwackelten Kamerafahrten*, wenn die Protagonistin sich mit der Métro, auf Rolltreppen, am Ende dann auf dem Beifahrersitz von Ninos Moped durch Paris bewegt. Einmal wird ihr aufgeregt pochendes Herz sichtbar gemacht, als sie Nino zum zweiten Mal begegnet, und im Fernsehen sieht sie einen Film, der sich als Ausdruck ihrer momentanen Gefühle und Ängste entpuppt. Zusätzlich wird sie auch indirekt charakterisiert, z. B. durch die manchmal rote und manchmal grüne Farbe ihrer Kleidung, vor allem aber auch durch die zeitgeschichtlichen Hinweise, die Filmzitate* und die intermedialen Einschreibungen: Auf Lady Diana, auf Louis Malles Film *Zazie in der Metro*, auf *Alice im Wunderland* und auf *Zorro* wird angespielt. Insbesondere steht Amélie aber „im Zentrum und doch außerhalb" wie „Das Mädchen mit dem Wasserglas" in Renoirs

Techniken der Subjektivität

Gemälde *Das Frühstück der Ruderer*, das der Maler mit den gläsernen Knochen immer wieder kopiert. Er tritt als Amélies Helfer auf und zusätzlich als ein Kommentator innerhalb der Erzählung.

Geschlechts-identitäten

Geschlechtsidentitäten sind in dem Film weit weniger eindeutig definiert, als man es im Kino gewohnt ist. Der Erzähler lenkt die Sympathie eindeutig auf die schüchternen, skurrilen und verletzlichen Charaktere, von denen es sowohl männliche wie weibliche gibt. Beide Männer, die Amélie liebt, sind in sich gekehrt: neben ihrem Vater auch der zerstreute Nino, ein liebenswert versponnener Einzelgänger. Er ähnelt Amélie in vielem, welche wiederum an Tautous Namensvetterin Audrey Hepburn erinnert, den Filmstar mit dem Image der elfenhaften Kindfrau. Ihre Naivität ist aber mit einer Entschlossenheit gepaart, welche sie den männlichen Figuren des Films voraus hat. Die Aktivität, das Zupackende ist auf ihrer Seite (mit Einschränkungen, wenn es um ihre eigene Zuneigung zu Nino geht), und während die Sichtweise ihres Vaters völlig nach innen gerichtet ist und Nino lange Zeit ebenfalls kein Auge für den anderen hat, ist es Amélies Blick, der sie der Außenwelt öffnet. Als sie hinter der lockeren Fliese im Bad das Kästchen sieht, empfindet sie das als Signal, sich der Gesellschaft zuzuwenden und Kommunikation zu suchen. Der zweite entscheidende Blick ist wieder ein weiblicher, nämlich der auf Nino, als dieser gerade auf dem Boden kniet, um ein Foto unter dem Automaten in der Métro hervorzuziehen. Symbolhaft ist die Szene, in der Amélie einen Blinden durch die Straßen führt und ihm das Viertel so beschreibt, wie sie es sieht.

Fragen für einen ersten Zugang: Der Erzähler im Film:

- Ist erkennbar, wer die filmische Geschichte erzählt, oder tritt die erzählende Instanz vollkommen in den Hintergrund?
- Falls der Erzähler erkennbar ist: Ist er Teil der filmischen Wirklichkeit oder steht er außerhalb?
- In welchem Umfang ist der Erzähler über die Vorgeschichte, Gefühle und Gedanken, das zukünftige Leben der Figuren informiert? Enthält er dem Zuschauer etwas von dem vor, was er weiß?
- Ist ein Interesse erkennbar, aus dem heraus der Erzähler die Geschichte vorbringt?
- In welchem Verhältnis stehen objektive und subjektive Perspektiven? Wird der Zuschauer eher zum neutralen Beobachter gemacht oder weitgehend in die Sichtweise von Figuren verwickelt?

- Gibt es eine oder mehrere Reflektorfiguren? Welche dieser subjektiven Perspektiven sind maßgebend?
- Mit welchen filmischen Mitteln wird der Eindruck einer subjektiven Perspektive erzeugt?
- Gibt es Aufhebungen der chronologischen Reihenfolge in der Erzählung? Worin sind diese begründet?
- Welchen Zeiträumen der Erzählung wird viel bzw. wenig Aufmerksamkeit gewidmet?
- Mit welchen filmischen Mitteln wird die Wahrnehmung der Zeit gesteuert?
- Welche Vorstellungen von Männlichkeit und Weiblichkeit fördert die erzählende Instanz?

Aktivität

Aktivität

Das Vergnügen von Männern und Frauen an Spielfilmen ist unterschiedlicher Art. Machen Sie eine Befragung in ihrem eigenen Umfeld. Folgende Aspekte können von besonderem Interesse sein:

- Thematische Präferenzen bei Männern bzw. Frauen (z.B. Familienprobleme, Beziehungen, Karriere, Kriminalität, Auseinandersetzungen um Macht und Einfluss),
- Bevorzugte Genres,
- Vorlieben bei Plots von Filmen (offen oder geschlossen),
- Der Stellenwert, den Dialoge und visuelle Eindrücke neben der Handlung haben sollten,
- Inhalt von Dialogen: Sollten sie vor allem die Handlung vorantreiben oder zur Lösung von Problemen dienen?
- Die Darstellung von „Männlichkeit“ und „Weiblichkeit“.

3 Montage

Schnitt/ Montage

Montage* ist der wichtigste Teil der Nachbearbeitung (Postproduktion*) eines Films und bezeichnet den Prozess der Anordnung und Zusammenfügung der Bilder zu einem fertigen Film. Im Prinzip ist eine unendlich große Zahl von Möglichkeiten denkbar, zu denen das während der Dreharbeiten belichtete Material verbunden werden kann. Der Begriff Montage wird oft gleichbedeutend mit „Filmschnitt" verwendet, obwohl es sinnvoll ist, darin zwei sich ergänzende Vorgänge zu sehen. Der Schnitt ist dann ein Akt, in dem Komponenten ausgewählt und, wie der Name schon sagt, in kleinere Einheiten zerlegt und für die Weiterverarbeitung vorbereitet werden. Da gewöhnlich ein Vielfaches dessen, was am Ende im Film zu sehen ist, aufgezeichnet wird, geht es dabei zunächst um Sichtung und Reduktion. Im Gegensatz zum eher technischen Schnitt ist die Montage ein kreativer Vorgang, in dem die Einzelteile aufgrund inhaltlicher und gedanklicher Erwägungen neu zusammengesetzt werden. Konkret sieht das zum Beispiel so aus, dass man eine Gesprächsszene ohne Unterbrechung in der Totalen dreht, also so, dass man beide Dialogpartner und ihre Umgebung in vollem Umfang sehen kann. Dieser „Master Shot" gewährleistet die Orientierung der Zuschauer im Raum. Zusätzlich werden Over-the-Shoulder-Shots und Aufnahmen von Teilansichten der Körper und Gesichter gemacht, üblicherweise in wiederholten „Takes", aus denen im Schneideraum die am besten geeigneten ausgesucht werden. Der Master Shot liefert dann die Grundlage für die Szene. Aus ihm werden Teile herausgeschnitten und durch die Aufnahmen der Gesichter usw. ersetzt. Wie oft und an welchen Stellen Einstellungen eingefügt werden, wie lang sie sind, welcher Gesprächsteilnehmer häufiger zu sehen ist usw.: Dies sind Überlegungen, welche nun bei der Montage getroffen werden müssen. Das Ergebnis entscheidet maßgeblich darüber, welcher Eindruck von den Figuren und vom Gesprächsverlauf entsteht.

Als Einheiten der Montage innerhalb eines Films werden unterschieden:

- Einstellung: eine ununterbrochene Aufnahme zwischen zwei Schnitten,
- Szene: eine oder mehrere Einstellungen, die dramaturgisch und hinsichtlich Ort und Zeit eine Einheit bilden,
- Sequenz: eine in sich abgeschlossene und aus mehreren Szenen bestehende Erzähleinheit.

Eine Einstellung* ist der kleinste Baustein der Montage*. Sie kann von sehr unterschiedlicher Länge sein. In Videoclips kann es sich dabei um weniger als eine Sekunde handeln, hingegen soll Alfred Hitchcocks *Cocktail für eine Leiche* zumindest den Eindruck erwecken, die gesamten achtzig Minuten des Films würden nur aus einer Einstellung ohne Schnitte bestehen. In einer ungeschnittenen Einstellung sind Erzählzeit* und Erzählte Zeit* im Normalfall deckungsgleich. Eine Szene* beinhaltet üblicherweise keine größeren

Sprünge in Raum und Zeit; Anfang und Ende eines zusammenhängenden Gesprächs markieren z. B. ihre Grenzen. Es ist aber nichts Ungewöhnliches, wenn eine Szene Schnitte enthält, die für kürzere zeitliche Auslassungen sorgen und damit das Verhältnis von Erzählzeit und erzählter Zeit verändern. Eine Sequenz wiederum beginnt und endet häufig mit Ortswechseln oder mit der Aussparung eines längerer Zeitraums („Tage später...").

Umgang mit Raum und Zeit

Montage bedeutet also zunächst einen Umgang mit Raum und Zeit. Sie nimmt erheblichen Einfluss darauf, wie der Zuschauer sich an den Orten zurechtfindet, an denen ein Film angesiedelt ist, und sie strukturiert die zeitlichen Abläufe im Geschehen. Die Montage ist außerdem ein ganz elementares Mittel, um die Wahrnehmung des Zuschauers zu beeinflussen. Kurze Einstellungen und eine schnelle Schnittfolge erzeugen Spannung, Dynamik und ein hohes Erzähltempo, lange Einstellungen und ein großer Abstand zwischen den Schnitten verlangsamen und beruhigen die Erzählung.

3.1 Montagetypen

Zwei Prinzipien sind grundlegend zu unterscheiden.

Sukzession

Zeitliches Nacheinander

Dabei wird durch die Aneinanderreihung der Einstellungen ein zeitliches Nacheinander von Geschehnissen vermittelt (wobei die Chronologie natürlich durch Rückblenden*, Rahmenerzählungen usw. durchbrochen sein kann). Dies entspricht auch im weitesten Sinn der Alltagserfahrung des Zuschauers. Sukzession ist das vorherrschende Prinzip der Montage im Mainstreamfilm, weil es die Kontinuität der Handlung nicht stört außer bei bestimmten Techniken wie dem Jump Cut*. Dabei wird der Übergang zwischen zwei Schnitten als Sprung wahrgenommen, weil zum Beispiel ein Teil einer Bewegung fehlt oder eine Figur sich plötzlich an einer unerwarteten Stelle im Raum befindet. Der Jump Cut bringt das natürliche Zeitempfinden durcheinander. Er wurde ursprünglich in Autorenfilmen (▶ Info Seite 3) wie *Außer Atem* von Jean-Luc Godard verwendet, um den Zuschauer zu irritieren, heute erlebt man ihn vor allem in Filmen, die sich an der Ästhetik von Videoclips mit ihrem hohen Schnitttempo orientieren (*William Shakespeares Romeo + Julia*, *Requiem for a Dream*).

Jump Cut

Simultaneität

Nebeneinander von Ereignissen

Dieses Montageprinzip konfrontiert den Menschen mit Eindrücken, die seine herkömmliche Wahrnehmungsfähigkeit übersteigen, und erhebt ihn über einige natürliche Beschränkungen beim Sehen. In der Wirklichkeit ist er nämlich zwar z. B. in der Lage, ein Mordopfer am Wegesrand zu erblicken, nicht aber auch gleich noch das Messer, das der Täter unbemerkt in den Fluss daneben geworfen hat. Dies kann ihm jedoch der Film in einer unmittelbar folgenden Einstellung zeigen. Simultaneität bedeutet das Nebeneinander von normalerweise getrennten, dabei oft sehr unterschiedlichen Orten, Ereignissen und optischen Eindrücken. Im kommerziellen Film kommt dieses Prinzip vor allem als Parallelmontage* von Handlungssträngen vor. In der Frühzeit des Films wurde dies vom Publikum noch als Entgrenzung der bisherigen Erfahrungswelt empfunden. Obwohl in dieser Hinsicht inzwischen ein Gewöhnungsprozess stattgefunden hat, ist die Parallelmontage* noch immer eine filmische Technik, die meistens für herausgehobene Sequenzen reserviert ist wie für das Finale in *Kick It Like Beckham*, einem Film über Konflikte in einer britischen Einwandererfamilie. Darin werden am Ende zwei Ereignisse zusammengeschnitten: die indische Hochzeit Pinkys und das Fußballspiel, in dem ihre Schwester Jess mit ihrer Mannschaft um den Sieg ringt. Das eine steht für Anpassung an die traditionelle Kultur der Eltern, das andere für Integration und Moderne. Während die Feier auf ihren fröhlichen Höhepunkt zusteuert und der Jubel der Gäste aufbrandet, schießt Jess das entscheidende Tor. Alle Bilder sind hier so aneinandergeschnitten, dass der Eindruck der Gleichwertigkeit dieser sehr unterschiedlichen Wege entsteht. Die Montage nach dem Prinzip der Simultaneität hat somit eine dramaturgische Funktion, wichtiger ist aber, dass sie neue Bedeutungen schafft.

Splitscreen

Eine besondere Form der Parallelmontage ist der Splitscreen. Dabei zeigt die Leinwand ein Bild im Bild oder ist geteilt in zwei oder mehr Bilder nebeneinander, so z. B. in *Mathilde – eine große Liebe*, wenn die Protagonistin mit einem Zeugen am anderen Ende Frankreichs telefoniert, der ihr bei der Suche nach ihrem Geliebten helfen soll.

Die Entstehung besonderer Formen der „intellektuellen" Montage verbinden sich mit der russischen Avantgarde der zwanziger Jahre, insbesondere dem Regisseur Sergei Eisenstein (*Panzerkreuzer Potemkin*).

Info

Russische Avantgarde: Avantgarde ist ein Begriff für revolutionäre künstlerische Bewegungen, die ihrer Zeit weit vorausgreifen. Im Bereich des Films dient die Bezeichnung für Werke, die oft experimentellen Charakter haben und sich mit einem hohen künstlerischen Anspruch eindeutig von der kommerziellen Filmproduktion abgrenzen. So geht es auch der russischen Filmavantgarde der zwanziger Jahre darum, die Möglichkeiten des neuen Mediums auszuloten. Das Wesen des Films wird vor allem in der Montage gesehen, nicht im Erzählen von Geschichten. Als die wesentlichen Vertreter gelten Sergej M. Eisenstein (1898–1948) und Lew Kuleschow (1899–1970). Die russische Avantgarde stand unter dem politischen Einfluss der kommunistischen Partei, die den Film als Mittel zur Beeinflussung der Massen nutzte.

Kontrast- und Assoziations-montage

Dabei werden Assoziationen und Kontraste erzeugt durch die Verbindung von sorgfältig ausgewählten Einstellungen*. Diese werden so aneinander gefügt, dass sie im Zusammenspiel eine überraschende Erkenntnis auslösen, z. B. wenn Bilder mit Soldaten, die ein Massaker unter Arbeitern anrichten, mit Bildern aus einem Schlachthof parallelisiert werden. Kontrast- und Assoziationsmontage* gelten als anspruchsvoll und finden sich überwiegend in Autorenfilmen (▶ Info Seite 13), z. B. bei Sam Peckinpah. Sie ziehen die Aufmerksamkeit auf sich und reißen den Zuschauer aus seiner Realitätsillusion. In die Anfangssequenz von *Getaway*, die im Staatsgefängnis von Texas spielt, sind u. a. Bilder von Rehen in freier Natur montiert, ein deutlicher Gegensatz zu Docs extremem Mangel an Freiheit und der Monotonie seines Alltags an der ratternden Maschine. Eine Ausnahme im kommerziellen Film bildet das Horror-Genre*, wo Assoziations- und Kontrastmontage zur Erzeugung von Spannung und Angst eingesetzt werden, wenn z. B. Bilder einer gut gelaunten Familie im Urlaub, neben solche eines Hais montiert werden. Schließlich findet sich diese Form der Montage wiederum in Filmen, deren Stil von Videoclips beeinflusst ist, wobei allerdings in den meisten Fällen beim ersten Sehen kaum gedankliche Prozesse ausgelöst werden. Während ein herkömmlicher Film im Durchschnitt höchstens 1000 Schnitte hat, sind es in *William Shakespeares Romeo + Julia* fast doppelt so viele. Durch die hektische Schnittfolge bleiben dem Zuschauer z. B. bei der furiosen siebenminütigen Actionsequenz an der Tankstelle die ausgeklügelten Kontraste und Assoziationen meist unbewusst; er kann einen Sinn bestenfalls intuitiv erfassen und wird zusätzlich durch andere filmische Elemente abgelenkt, so z. B. durch Musik, welcher sich der Rhythmus der Montage anpasst.

Videoclip

3.2. Der „unsichtbare Schnitt"

Continuity System

In Hollywood wurde frühzeitig eine Reihe von Methoden entwickelt, die in ihrem Zusammenspiel eine raum-zeitliche und inhaltliche Kontinuität der Filme gewährleisten sollten und die inzwischen weltweit in der Filmproduktion verbreitet sind. Das Ziel des sogenannten Continuity System* besteht darin, den Zuschauer auf unauffällige Weise in die Handlung zu verwickeln. Er soll sich vollkommen der Leinwandillusion hingeben und vergessen, dass ihm nur eine Geschichte erzählt wird. Spuren der Bearbeitung sollen verschwinden.

Ein besonderes Problem stellt hierbei die Montage dar, denn wenn der Zuschauer sie bemerkt, wird ihm auch bewusst, dass es einen Erzähler gibt, der seine Aufmerksamkeit in bestimmte Bahnen lenkt. Ein zentraler Bestandteil des „Continuity System" ist deshalb der „unsichtbare Schnitt", der den Betrachter von der Montage ablenkt. Die einzelnen Einstellungen werden dabei vollkommen nahtlos und fließend zusammengefügt. Diesem Zweck dienen eine Reihe von bewährten Filmtechniken:

Die 180-Grad-Regel
hält fest, dass alle Bestandteile einer Szene* nur von einer Seite einer Handlungsachse aufgenommen werden. Dies gewährleistet die Kontinuität der Bewegungsrichtung und stellt sicher, dass der Zuschauer nicht den Überblick über die räumlichen Verhältnisse verliert. Eine Figur, die man nach einem Schnitt auf der linken Seite erwartet, soll nicht plötzlich rechts sitzen und umgekehrt. Oft wird die Kamera auf der Höhe der Blicklinie zweier Figuren eingerichtet; die Blicklinie definiert dann die Handlungsachse („Eyeline Shot*"). Als Achsensprung wird ein Verstoß gegen diesen Grundsatz durch das Vertauschen der Seitenverhältnisse bezeichnet. Als das Fernsehen bei der Fußball-Weltmeisterschaft 2006 mit Achsensprüngen experimentierte, also eine Aktion mitunter von der gegenüberliegenden Seite des Stadions wiederholte, blendete man den Schriftzug „reverse angle" ein, um der Verwirrung des Publikums vorzubeugen. Die Beweglichkeit moderner Handkameras erlaubt heutzutage allerdings einen freieren Umgang mit der 180-Grad-Regel, ohne den Zuschauer in Filmen wie *Das Fest* oder *Halbe Treppe* zu desorientieren.

Der Point-of-View-Shot
ist der wichtigste Bestandteil einer Schnittfolge, die eine Figurenperspektive etabliert, an der sich der Zuschauer orientieren kann. (▶ vgl. Kap. 2) Auch das Schuss-Gegenschuss-Verfahren ist eine stark konventionalisierte Montagetechnik, die vor allem bei Dialogszenen verwendet wird. Dabei sieht der Zuschauer abwechselnd einen der beiden Gesprächspartner (gewöhnlich den, der gerade spricht, manchmal aber auch den stummen Teilnehmer, dessen Reaktion auf das Gesagte eingefangen wird). Oft blickt die Kamera einer der Figuren von hinten über die Schulter (Over-the-Shoulder-Shot).

Der Match Cut
ist ein Verfahren, das Beziehungen zwischen zwei aufeinander folgenden Einstellungen herstellt und vor allem die Überbrückung räumlicher und zeitlicher Distanzen erleichtern soll. Beim Match Cut* werden Elemente der ersten Einstellung in die zweite übernommen. Dabei kann es sich z. B. um eine gleichbleibende Kameraperspektive, um eine Bewegungsrichtung (ein Ball rollt in dieselbe Richtung, in die eben noch ein Hund gelaufen ist) oder um einen Gegenstand handeln. Weiterhin gibt es grafische Match Cuts, z. B. wenn eine Linienführung oder ein geometrisches Muster wiederkehrt (wie in *Shining*) oder ein farblicher Akzent (wenn z. B. von einem blauen Kleid auf eine blaue Tapete übergeblendet wird). Der Match Cut wird von Regisseuren wie Stanley Kubrick meisterhaft beherrscht und ist in Filmen wie *2001: Odyssee im Weltraum* auch die Grundlage zur Schaffung hintergründiger Assoziationen und Anspielungen.

Audiobridge

Ein „Match" zwischen zwei Einstellungen wird auch oft auf der Ebene von Musik und Ton hergestellt. Eine solche – „Audiobridge"* gibt es z. B.

in *Klute*, als ein FBI-Agent den Detektiv John Klute über das Callgirl Bree informiert, die ihn zu einem verschwundenen Geschäftmann führen soll. Während bereits der Schnitt zu Bree erfolgt ist, die man in einer New Yorker Straße sieht, spricht die Stimme noch eine Weile aus dem „Off" weiter.

Der harte Schnitt

Eine Funktion für die filmische Erzählung hat auch die Art, wie zwei Einstellungen* jeweils aneinander geschnitten werden. Innerhalb einer Szene* ist der harte Schnitt die am häufigsten verwendete Methode, was bedeutet, dass eine Einstellung einfach unvermittelt auf die vorhergehende folgt. Dieses Vorgehen wird aber vom Zuschauer nicht bewusst wahrgenommen, wenn alle Regeln des Kontinuitätssystems beachtet werden. Zwei Sequenzen eines Films werden nicht selten auch durch eine Aufblende* verknüpft, der eine Abblende* vorausgehen kann. Dabei wird die Einstellung zunächst langsam dunkel und danach wieder heller. Der Zuschauer erhält damit ein Zeichen, dass zeitliche und/oder räumliche Distanzen überbrückt werden. Bei einer Überblendung geht die alte Einstellung allmählich in die neue über. So findet in *Der Soldat James Ryan* der Übergang von der Haupthandlung zur Rahmenhandlung am Ende statt, indem sich der junge Ryan in den fünfzig Jahre älteren verwandelt. Ähnliche Funktionen können Schrifteinblendungen haben und die in älteren Filmen beliebte Methode, die Auslassung längerer Zeiträume durch eine Einstellung mit schnell vorüberziehenden Zeitungsüberschriften oder Kalenderblättern anzudeuten. Eine originelle Methode wurde in *Notting Hill* gewählt. Dort vergehen zwölf Monate, während die männliche Hauptfigur die Straße entlanggeht, was man an den im Zeitraffer vorüberziehenden Jahreszeiten erkennt.

Blende

Den Anfang einer Sequenz erkennt man auch an einer typischen Schnittfolge, die mit einer Großaufnahme („Establishing Shot*") beginnt und damit einen neuen Schauplatz einführt. Die Orientierung des Zuschauers im Raum kann später durch „Re-Establishing Shots" aufgefrischt werden.
Trotz aller Mühen finden sich selbst in Filmen, die mit hohem Aufwand hergestellt wurden, immer wieder Anschlussfehler („Continuity Goofs"), welche unbeabsichtigterweise die Kontinuität durchbrechen. In *Spider-Man* schleudert der Protagonist zwei Männer durch ein Fenster und wendet sich dann zwei anderen Gegnern zu. Als auf das Fenster zurückgeschnitten wird, ist es wieder intakt.

3.3 Filmbeispiel: Die fabelhafte Welt der Amélie

Die fabelhafte Welt der Amélie (▶ Handlung s. Seite 16, ▶ Abb. 5, Seite III) beweist, dass auch ein Film erfolgreich sein kann, dessen Montage sich Abweichungen von dem Kontinuitätsgebot erlaubt und die Phantasie des Zuschauers auf vielfältige Weise einbezieht. Im Folgenden wird eine neunminütige, aus vier Szenen* bestehende Sequenz beschrieben, in der Amélie nach Nino sucht, in den sie sich verliebt hat, und ihm sein verlorenes Fotoalbum wieder zuspielt. In der letzten Szene der vorhergehenden Sequenz hatte sie der Maler Dufayel ermahnt, ihr Glück nicht zu versäumen. Der Übergang erfolgt durch einen Match Cut*: In dem Gespräch mit Dufayel trägt Amélie dasselbe rote Kleid wie in der ersten Einstellung der neuen Sequenz, auch die Fassade des Sexshops, vor der sie jetzt steht, ist rot. Die Grenze zur wiederum nächsten Sequenz bildet eine Kontrastmontage. Szene 4 endet mit einer Kamerafahrt* auf Amélie, die inmitten von Menschen auf einem großen Platz steht und befreit den Zuschauer anblickt, nachdem sie gerade den Kontakt mit dem ersehnten Geliebten angebahnt hat. Nach dem Schnitt folgt eine Einstellung, die durch aufragende Gitter hindurch ihren mürrischen Vater in seiner selbstgewählten Isolation zeigt. Ihre innere Verbindung erhält die Sequenz durch bestimmte Leitmotive* wie die Porträtfotos und das Album, die durchgängig eine Rolle spielen, und durch eine Jahrmarktsatmosphäre, die sich schon in den Erzählungen Samanthas in der ersten Szene ankündigt. Szene 4 bildet eine Klammer mit Szene 2 durch die wiederholten Kreisbewegungen von Geisterbahn und Karussell, welche die Kamera nachvollzieht.

Leitmotive

Figurenperspektive

In der Sequenz wechselt die Perspektive mehrfach zwischen Amélie und Nino, wobei aber mehr Einstellungen enthalten sind, die sie zur Reflektorfigur* machen. Amélie nähert sich ihrem Ziel wegen ihrer Schüchternheit nur indirekt, ist aber dennoch die aktivere von beiden. Ninos Interesse ist geweckt, aber er weiß kaum, wie ihm geschieht.

Sequenz: Amélie nimmt Kontakt mit Nino auf (1:05:00 – 1:13:56)

Szene	Einstellungen	Dauer	Set	Handlung
1	22	1:38	Sexshop (inszeniert als kalte Unterwelt)	Amélie trifft Nino nicht an, spricht aber mit Samantha, die ihr viel über ihn erzählt.
2	13	2:06	Geisterbahn (Totenreich)	Amélie fährt in der Geisterbahn und wird von „Gevatter Tod" gestreichelt, hinter dessen Kostüm sich wohl Nino verbirgt; sie hinterlässt ihm an seinem Moped eine Einladung zu einer Verabredung, geschrieben auf die Rückseite einer Serie mit Automatenfotos.
3	8	0:58	Ninos Schlafzimmer (Traum)	Nino spricht im Traum mit dem Mann auf den Fotos über das unbekannte Mädchen, das ihn liebt.

Sequenz: Amélie nimmt Kontakt mit Nino auf (1:05:00 – 1:13:56)				
Szene	**Ein-stel-lungen**	**Dauer**	**Set**	**Handlung**
4	35	4:13	Umgebung von Sacré Cœur (Tempel)	Nino ist zur Verabredung erschienen; Amélie gibt sich nicht zu erkennen; sie ruft ihn auf einem öffentlichen Telefon an und schickt ihn auf eine Schnitzeljagd, an deren Ende er sein Album findet.

Szene 1

Die erste Szene beginnt mit einem Establishing Shot* von dem Sexshop, in dem Nino manchmal arbeitet. Noch in der ersten Einstellung tritt Amélie durch die Tür ein. Dem Gesetz der Kontinuität entsprechend, sieht man sie in der zweiten Einstellung von innen hereinkommen. Der Schnitt von E 1 zu E 2 offenbart aber einen Kontrast. Das Glücksversprechen der roten, von schräg oben gefilmten Fassade des Shops wird durch das kalte, blau beleuchtete Interieur zunichte gemacht. Auch Amélies Kleid sieht nach dem Eintreten viel matter aus: Hier wird sie nicht das finden, was ihr fehlt. Tatsächlich ist Nino auch nicht anwesend. Amélies Gespräch mit der Peepshow-Angestellten Samantha ist in eine Reihe von Schuss-Gegenschuss-Folgen aufgelöst, wobei Amélies Perspektive dominiert. Man sieht ihr Gesicht, wenn sie spricht, mehrfach aber auch in Momenten, in denen Samantha redet. Ihre Reaktion in mehreren Einstellungen vermittelt den Eindruck, dass alles, was sie hört, ihre Zuneigung zu Nino noch steigert. Die Kontinuität wird durch mehrere Trickeffekte durchbrochen. Samanthas Bericht über Ninos kuriose Sammelleidenschaft wird zweimal mit Splitscreen-Montagen bzw. durch Bilder illustriert, welche in die laufende Einstellung eingeblendet werden (die Fußabdrücke in Beton und die lachende Frau).

Szene 2

Der Establishing Shot der zweiten Szene zeigt den oberen Teil der Vorderfront der Geisterbahn aus Amélies Blickwinkel von schräg unten. Hier befindet sich Ninos zweiter Arbeitsplatz. Die erste Einstellung schafft gleich Gewissheit, dass er sich drinnen aufhalten muss, als die Kamera herabschwenkt und zuerst sein Moped und dann Amélies Füße zeigt. In der Geisterbahn gibt es wieder einen Establishing Shot, der über die räumlichen Verhältnisse aufklärt. Das Besondere ist hier eine Assoziationsmontage*, die den Zuschauer plötzlich inmitten einer Handlung, die um romantische Liebe kreist, innehalten lässt und ihn an die Vergänglichkeit erinnert. Auf eine Einstellung mit Amélies Gesicht folgt eine andere, die den Gevatter Tod zeigt, bevor in einer weiteren Einstellung beide Bilder vereint werden. Dies ist ein deutlicher Hinweis auf das lateinische Motto „memento mori", das den Menschen mahnt, dass er sterblich ist und deshalb seinem kurzen Aufenthalt in der Welt einen Sinn verleihen soll. Amélie sieht diesen Sinn in ihrer Liebe zu Nino, weshalb der Tod seinen Schrecken verliert und sie sich der zärtlichen Geste, mit welcher die Hand des Skeletts (die gleichzeitig Ninos ist) über ihren Hals streicht, mit glücklichem Lächeln hingibt. Dies zeigt die Kamera in einer Nahaufnahme. Einstellungsgröße* und Montage* erzeugen den Eindruck größter Intimität in diesem Bild. Im Einklang mit der Nachdenklichkeit dieser Szene werden die Einstellungen länger, die Schnitte sind in größeren Abständen gesetzt als in Szene 1. In der Montage ist der Zeitraum von hier bis zu Ninos Feierabend ausgelassen. In den letzten Einstellungen wechselt die Perspektive zu Nino, der beim Nachhausegehen an seinem Moped die Einladung zur Verabredung findet.

Szene 3 Die kurze dritte Szene ist ein Gespräch, das Nino im Traum mit sich selbst führt, vollständig im Schuss-Gegenschuss-Verfahren. Sein Unterbewusstes wird hier durch einen Trick sichtbar gemacht, indem immer wieder zu den Bilder hinübergeschnitten wird, die Amélie ihm hat zukommen lassen. Diese sind animiert und sprechen zu ihm.

Szene 4 Die vierte Szene fängt wieder mit einem Establishing Shot an, diesmal von dem Platz unterhalb von Sacré Cœur. In dieser Szene gibt es zahlreiche Aufnahmen in der Totalen, die kleinere Einstellungsgrößen* immer wieder ablösen. Von der Kirche auf der Höhe strahlt ein göttlicher Segen auf die Figuren herab, das Panorama von Paris ist zu sehen. Amélie und Nino sind aus der Unterwelt des Sexshops und der Geisterbahn heraufgestiegen ins Freie und bewegen sich in der Menschenmenge. Durch die Totalen hat auch der Zuschauer die Freiheit zu schauen. Nun wechselt die Perspektive schneller zwischen den beiden Figuren. Sie sind noch nicht endgültig zusammengekommmen, aber die Nähe ist immer deutlicher zu spüren, was gerade durch die Montage deutlich wird. In einer Einstellung schaut Nino durch ein Fernglas, zu dem Amélie ihn dirigiert hat, und die beiden blicken sich an. Wenn Amélies Spiel Nino wieder zu einem neuen Ziel dirigiert und er Ungeduld spürt, werden Schnitttempo und Kamerafahrten* schneller. Am Ende der letzten Einstellung seufzt Amélie zufrieden; ihren Blick in die Kamera kann der Zuschauer als Zeichen verstehen, dass die Sequenz beendet ist.

Fragen für einen ersten Zugang

- Wie sind Schauplätze, Handlungsstränge und getrennte Zeitabschnitte durch die Montage verknüpft?
- Welche Sequenzen und Szenen lassen sich abgrenzen? Wie hängen sie mit dem dramaturgischen Aufbau der Handlung zusammen? Wodurch sind die Übergänge markiert?
- Welche Montagetypen enthält der Film? Wird Spannung erzeugt?
- Ist der Schnitt durchgängig „unsichtbar"? Falls nicht: An welchen Stellen wird der Zuschauer auf den Schnitt aufmerksam oder sogar durch die Montage irritiert?
- Welche Einstellungslängen und welche Schnittfrequenzen sind charakteristisch für den Film?
- Gibt es in dem Bereich der Schnittfrequenz auffällige Veränderungen? In welchem Zusammenhang stehen sie mit der Entwicklung der Erzählung?
- In welcher Weise sind Bild- und Tonebene miteinander verknüpft? Sind sie parallel montiert? Gibt es Stellen mit Abweichungen?
- Gibt es Match Cuts auf den Ebenen von Bild und Ton? Welche Wirkung haben sie auf den Zuschauer?
- Entstehen durch zwei aufeinander folgende Einstellungen Assoziationen oder Kontraste, die auf eine bestimmte Aussageabsicht hindeuten?

Aktivität

Ein Storyboard ist ein Mittel, das bei der Filmproduktion genutzt wird, um Szenen zu planen. Es handelt sich um eine Art Comic Strip, der für jede Einstellung vor allem den Bildrahmen, die Einstellungsgröße, die Kameraperspektive, die Position der Figuren und die Farbigkeit festlegt. Kamerabewegungen können durch Pfeile angedeutet werden. Das Storyboard vermittelt aber auch eine Vorstellung von der Montage der Szene; die Trennlinie zwischen zwei Bildern repräsentiert meistens einen Schnitt. Zeitangaben zu jedem Bild verdeutlichen die Länge der Einstellungen und damit das Schnitttempo.

- Entwickeln Sie ein Storyboard mit ca. zehn Bildern für eine Filmszene mit folgendem Inhalt: Ein nervöser Pianist macht sich in der Garderobe für ein wichtiges Konzert bereit, während das Publikum gespannt auf ihn wartet; mit Verspätung erscheint der Pianist auf der Bühne.
- Entwickeln Sie eine „anspruchsvollere" Variante, in der Sie auch mit Kontrast- und Assoziationsmontage arbeiten.

4 Bildgestaltung

Die Bildgestaltung ist ein Bestandteil der „Mise en Scène" eines Films. Dieser entsteht aus der Aneinanderreihung einer großen Zahl von Einzelbildern, die erst beim schnellen Abspielen den Eindruck der Bewegung vermitteln. Sorgfältig gemachte Filme bedienen sich aber bereits auf der Ebene des einzelnen, unbewegten Bildes einer Fülle von gestalterischen Mitteln, die für seine Wahrnehmung von entscheidender Bedeutung sind. Auf dieser Ebene zeigt sich auch die Verwandtschaft des Films mit der Malerei und der Fotografie. Wie bei diesen Medien

- müssen beim Film ein Bildausschnitt und seine Ränder festlegt werden,
- verwendet der Film die Techniken perspektivischer Darstellung, um den Eindruck räumlicher Tiefe auf der flachen Leinwand zu erzeugen,
- steuert der Film die Aufmerksamkeit des Betrachters durch Anordnung von Figuren und Gegenständen im Bild,
- nutzt der Film Licht und Farbe, um Stimmungen hervorzurufen.

Frame

Bei der Entstehung eines Films muss immer wieder überlegt werden, welcher Teil der Wirklichkeit im Bild zu sehen sein soll und welcher nicht. Darüber entscheidet die Blickrichtung der Kamera, wobei die Wahl der Einstellungsgröße* den Rahmen („Frame"*) absteckt, der den „On-Screen-Raum" und den „Off-Screen-Raum" voneinander trennt. Die Bildbegrenzung wird auch als „Kadrierung"*, das Bildfeld als „Kader" bezeichnet. Diese Begriffe deuten bereits auf Festlegungen hin, welche die Bildkomposition* betreffen.

Kadrierung

Bei der „Kadrierung" wird bestimmt, welche Dinge für den Zuschauer besonders wichtig sind und deshalb ins Bildzentrum gerückt werden.

Mise en Scène: Ein aus der Welt des Theaters entlehnter Begriff (wörtlich aus dem Französischen: in Szene gesetzt; inszeniert), der sich auf die visuelle Gestaltung einzelner Einstellungen bezieht. Er umfasst die Elemente des Films, die im Raum vor der Kamera aufgebaut und arrangiert werden. Die Grenzen der Mise en Scène werden durch den Bildausschnitt und die Entfernung zwischen zwei Schnitten bestimmt. Die Analyse der Mise en Scène umfasst die gesamte Bildgestaltung, das Produktionsdesign*, das Schauspiel, die gefilmten Bewegungen wie auch die Bewegungen der Kamera selbst.

Der amerikanische Filmtheoretiker Leo Braudy bezeichnet den Film auch als „world in a frame". Der Zuschauer sieht nur das, was sich innerhalb des Rahmens befindet. Über die Welt jenseits der Ränder steht er vor allem mit seiner Phantasie in Verbindung. Braudy hat auch die für die Analyse der Bildgestaltung wichtige Unterscheidung zwischen offener und geschlossener Form entwickelt.

Geschlossene Form

Die geschlossene Form* konzentriert den Blick des Zuschauers nur auf das, was innerhalb des Rahmens zu sehen ist. Dabei sollten alle Informationen, die der Zuschauer zum Verständnis der sichtbaren Wirklichkeit benötigt, im Blickfeld enthalten sein. Dies gelingt durch eine hohe Komplexität der Ausdrucksmittel und ein sehr planvolles Vorgehen bei der Formgebung des Bildes. Die Figuren richten ihren Blick selten auf etwas außerhalb des Kaders und verlassen ihn auch nicht über einen seiner Ränder. In der geschlossenen Form wird der Rahmen auch häufig in das Bild selbst hineinverlagert. Dieser wird dann z. B. durch Wände und Decken eines engen Zugabteils oder durch die Begrenzungen eines Torbogens vermittelt, auch eine schwache Ausleuchtung der Seiten wirkt wie ein Rand. All dies hindert den Zuschauer daran, abzuschweifen und sich für die Welt jenseits des gezeigten Bildes zu interessieren. Geschlossenheit der Form ist typisch für die klassische Phase Hollywoods, aber auch für Regisseure mit sehr ausgeprägtem Kunstwillen, die größtmögliche Kontrolle über alle Aspekte des Bildes ausüben wollen. Ein typisches Beispiel neuerer Art ist *Das Mädchen mit dem Perlenohrring*. Dieser Film zieht den Blick des Publikums nach innen mit seiner Vielzahl von symbolträchtigen und bis in das Detail durchkomponierten Einstellungen nach dem Vorbild altholländischer Gemälde. Auch der chinesische Film *2046* enthält viele erlesene Bilder.

Offene Form

Ein Film, dessen Bildgestaltung offen ist, lässt den Zuschauer nie vergessen, dass eine Welt jenseits der im Bildausschnitt gezeigten existiert. Der Bezug zur nicht sichtbaren Wirklichkeit kann z. B. durch Töne hergestellt werden, die ihren Ursprung im Off-Screen-Bereich haben, oder indem Personen aus dem Blickfeld heraustreten bzw. am Rand hineinkommen. Bei Filmen wie *Das Fest* ist die offene Form* ein Zeichen für ein Bemühen um Realismus. Es beinhaltet einen Verzicht auf Perfektion. Offenheit der Form macht deutlich, dass ein Film glaubt, nicht die ganze Wirklichkeit zeigen zu können, sondern dass der Bildausschnitt, den man sieht, nur ein Fragment der Realität ist.

Die weite Verbreitung der geschlossenen Form war ursprünglich auch eine Folge beschränkter technischer Möglichkeiten in der Filmproduktion in Zeiten, als fast ausschließlich im Studio gedreht werden konnte. Kameratechnik, Beleuchtung usw. waren noch sehr statisch; jenseits des Bildrahmens standen unter Umständen schon die Scheinwerfer. Seither hat eine enorme Ausweitung der Möglichkeiten des Films stattgefunden, gleichzeitig haben sich das Leben und die Geschwindigkeit der medialen Bilder enorm beschleunigt. Deshalb besteht in heutigen Mainstreamfilmen zwar immer noch das Bemühen, den Zuschauer nicht von den Bildern auf der Leinwand abzulenken, man findet aber eine geschlossene Bildgestaltung in Reinkultur dort nicht mehr vor, weil sie dem Zuschauer geduldiges Sehen abverlangt. So verhindern in vielen Fällen schnelle Schnitte und Kamerafahrten* die nötige Muße zum Betrachten der Bilder.

4.1 Einstellungsgrößen

In der Filmanalyse geht man üblicherweise von acht Einstellungsgrößen aus, obwohl es theoretisch unendlich viele Möglichkeiten gibt. Die Reduktion auf eine bestimmte Zahl erleichtert die Verständigung. Als Bezugspunkt bei der Benennung dient die Größe der abgebildeten Figuren und Objekte im Verhältnis zum Bildausschnitt. Die Einstellungsgröße ist verantwortlich für den Eindruck von Nähe bzw. Abstand zwischen Zuschauer und Geschehen.

Einstellungsgröße	**Beispiel**	**Beschreibung**	**Funktion/Wirkung**
Weit		Stadtpanorama, Landschaft, Seeschlacht usw., große Distanz; Menschen gar nicht zu sehen oder nur sehr klein	Soll überwältigen, beeindrucken, Atmosphäre schaffen
Total		Der Handlungsort, Menschen in voller Größe	Einführung des Handlungsortes oder Vergegenwärtigung desselben (Establishing Shot und Re-Establishing Shot); dient der räumlichen Orientierung
Halbtotal		Menschen in ihrer näheren Umgebung vollständig zu sehen	Schwerpunkt auf Aktionen und Interaktionen der Figuren

Einstellungs-größe	Beispiel	Beschreibung	Funktion/Wirkung
Halbnah		Menschen von den Knien an aufwärts; ausgewogenes Verhältnis zwischen Mensch und Umgebung	Dialogszenen, bei denen es mehr auf die Informationen und Umstände als auf die Emotionen der Figuren ankommt
Amerikanisch		Menschen von der Hüfte an aufwärts; Mimik und Gestik gewinnen an Bedeutung	Handlungen einer oder mehrerer Figuren, z. B. in Duell-Szene
Nah		Kopf und Oberkörper (bis Schultern oder Brust) einer Figur; Schwerpunkt von der Umgebung auf die Figur übergegangen	Dialogszenen; soll Gefühlsregungen, Reaktionen der Figuren einfangen
Groß		Gesicht einer Figur oder ihre Hand usw., ein einzelner Gegenstand; Orientierung im Raum nicht mehr möglich	Stellt Nähe zu einer Figur in emotionalen Ausnahmesituationen her
Detail		Teil des Gesichts (z. B. Mund) oder eines Gegenstands	Stellt extreme Nähe her; meistens symbolisch aufgeladen

4.2 Kamerawinkel

Die Einstellungsgrößen entfalten ihre Wirkung in Kombination mit der Blickrichtung der Kamera. Der häufigste Fall im Film ist die

Normalsicht

Nachahmung alltäglicher Sehweise

Sie entspricht der gewohnten Sehweise auf Augenhöhe. Von Interesse für die Analyse sind vor allem Abweichungen davon, für die sich jeweils ein besonderer Grund finden lassen sollte. Wenn die Kamera allerdings z. B. ein hohes Gebäude filmt, entspricht es der normalen Wahrnehmung, wenn dies von unten her geschieht. Übernimmt die Kamera den subjektiven Blickwinkel einer Figur, dann definieren deren Möglichkeiten, was als Normalsicht anzusehen ist. Handelt es sich also z. B. um ein Kind, das einem Erwachsenen gegenübersteht, dann muss die Kamera nach oben gerichtet sein. In der Sacré Coeur-Szene in *Die fabelhafte Welt der Amélie* (▶ vgl. Kapitel 3, Seite 40) sieht man laufend die Kirche auf dem Berg von unten her, oder man blickt von oben auf das Stadtviertel herunter. Dies wird aber weiterhin als Normalsicht empfunden, weil es der Perspektive von Amélie bzw. Nino entspricht.

Aufsicht

Abweichung von alltäglicher Sehweise

ist ein erhöhter Kamerastandpunkt. Dabei wird auf Figuren und Objekte herabgeblickt, im Extremfall aus der Vogelperspektive. Dies kann sehr unterschiedliche Wirkungen haben, die im Einzelfall aus dem Zusammenhang eines Films erschlossen werden müssen. Aufsicht kann der Orientierung im Raum dienen, aber auch ein Gefühl der Überlegenheit suggerieren. Die betrachteten Figuren wirken oft verloren oder einsam.

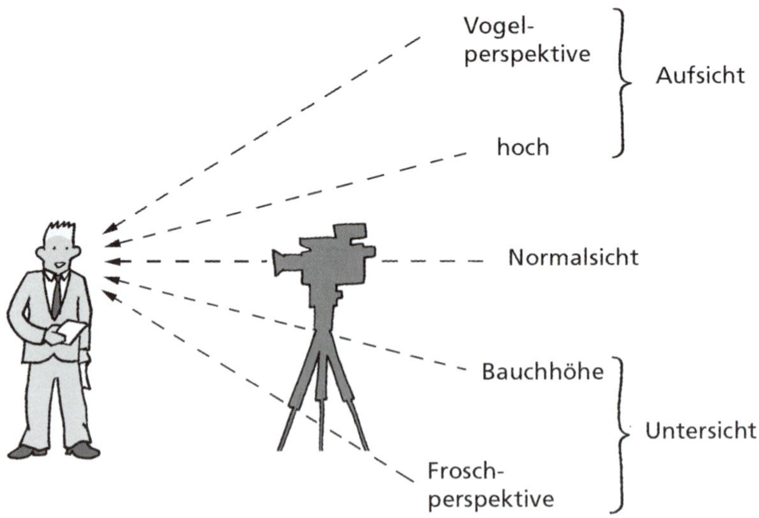

Untersicht
liegt vor, wenn die Kamera von schräg unten auf Objekte oder Figuren gerichtet ist. Auch hier gibt es mit der Froschperspektive eine Extremform. Sie bringt von Seiten des Betrachters Angst oder ein Gefühl der Unterlegenheit zum Ausdruck. Die auf diese Weise gezeigten Figuren erscheinen überheblich, unnachgiebig, Furcht einflößend, dominant usw., manchmal auch lächerlich.
Ein besonderer Fall ist die

Schrägsicht
Dabei wird die Kameraachse im Verhältnis zum gefilmten Gegenstand gekippt. Schrägsicht wird gelegentlich eingesetzt, um Dynamik zu vermitteln oder das plötzliche Hereinbrechen von Chaos und Panik, auch Rauschzustände. In *12 Monkeys* zeugt sie von Gleichgewichtsstörungen oder Orientierungsverlust nach einer Zeitreise.

4.3 Kamerabewegungen

Die Analyseebene der Bildgestaltung wird allmählich überschritten, wenn die Kamera sich in Bewegung setzt. Kamerabewegungen sind ebenfalls bedeutungstragende Elemente des Films. Dabei sind zwei Kategorien zu unterscheiden. Die erste betrifft die

Kamerafahrten

Die Kamera als Verfolger

Dabei bewegt sich die Kamera von ihrem festen Standort fort. Zahlreiche Varianten sind möglich: Parallelfahrten, Vorbeifahrten, Verfolgungsfahrten, Fahrten auf Objekte zu oder von ihnen weg. Man bedient sich zu diesem Zweck mechanischer Hilfsmittel; so ist die Kamera meistens auf einem Schienenfahrzeug an einem Kran befestigt. Kamerafahrten sind deshalb nicht mit den Bewegungen von Handkameras* zu verwechseln, die in den letzten Jahren die Ausdrucksmöglichkeiten des Films stark verändert haben (▶ vgl. Kapitel 9), u. a. weil sie auch an Orten, an denen Schienen oder Kräne nur schwer zu installieren sind, verwacklungsfreie Kamerabewegungen erlauben. Die Funktion und auch die Faszinationskraft von Kamerafahrten lässt sich gut aus der englischen Bezeichnung „Tracking Shot" erschließen. Das Verb „to track" kann u. a. „beobachten", „verfolgen", „nachspüren", „aufstöbern" bedeuten. Die fahrende Kamera setzt den Zuschauer in einer schwerelosen Bewegung auf die Fährte von Figuren und Objekten. Die Wirkung einer Kamerafahrt muss jeweils aus dem Kontext erschlossen werden. Ranfahrt auf eine Figur mindert aber meistens die Distanz zum Geschehen, Rückfahrt erhöht sie. Zugleich bestimmen Länge und Geschwindigkeiten von Kamerafahrten über den Charakter eines Films mit. So beginnt die erste Sequenz von *Der Marathon-Mann* mit einer ausgedehnten Parallelmontage, die abwechselnd zwei Ereignisse zeigt, deren Verbindung dem Zuschauer inhaltlich noch unklar bleibt. In beiden Teilen sieht man aber schnelle Kamerafahrten – die eine von einem Verfolgungsrennen mit dem Auto mitten in New York, die für beide Beteiligte tödlich endet, die andere von einem Läufer, der sich in der Nähe beim Training verausgabt. Dieser Anfang erweist sich als Vorspiel, das bereits auf wesentliche Motive vorausdeutet. Es wird ein sehr temporeicher Film sein, in seinem Zentrum wird eine lebensgefährliche Jagd stehen. Zusätzlich ist der Läufer durch die Bewegungsrichtung der Kamera als Jäger etabliert, denn er ist es, der ihr unermüdlich auf den Fersen bleibt.

Zoom Der Zoom* ähnelt in seiner Wirkung einer Kamerafahrt, obwohl die Kamera dabei ihren Ort nicht verlässt. Beim Zoom werden Gegenstände durch das Verändern der Brennweite stufenlos näher herangeholt oder auf Distanz gebracht. Im Unterschied zur Kamerafahrt ändert sich die perspektivische Wirkung. Der Zoom wird oft als kostengünstiger Ersatz verwendet, bietet aber auch spezifische Gestaltungsmöglichkeiten, wenn z. B. ein Bilddetail durch Heranzoomen hervorgehoben wird.

Die zweite Art von Kamerabewegungen lassen sich zusammenfassen als

Schwenks

Tempo In diesem Fall bleibt die Kamera fest an ihrem Standort verankert, vollzieht aber eine Bewegung nach, wie sie ein Augenpaar macht, das ein sich vorüberbewegendes Objekt, z. B. ein Auto, verfolgt. Ein Schwenk kann nach oben, nach unten oder seitwärts vollzogen werden. Panoramaschwenks dienen dazu, einen Eindruck von Größe bzw. Weite bei Skylines oder Landschaftsbildern zu geben. Die entscheidende Bedeutung beim Schwenk ist in sein Tempo verlagert. Je langsamer er ist, desto mehr Freiheit gibt er dem Zuschauer, sich im Raum zurechtzufinden und Einzelheiten zur näheren Betrachtung auszuwählen. Schnelle Schwenks wirken dynamisch; sie können durch eine plötzliche Wendung im Geschehen ausgelöst werden. Diese Wirkung lässt sich noch steigern: Ein Reißschwenk ist so hektisch, dass der Raum zwischen Anfangs- und Endbild verschwimmt. Hier kommt Erschrecken zum Ausdruck, ein Schock, etwa wenn ein Geräusch schlagartig deutlich macht, dass das Monster noch immer lebt.

4.4 Bildkomposition

Blicklenkung Das filmische Bild ist ein Spannungsfeld von Punkten, Linien, Flächen und anderen Formen, deren Bezugspunkt der Rahmen ist. Die Art, wie diese Formen angeordnet und ihre Gewichte verteilt sind, bestimmen die Wirkung des Bildes. Es handelt sich dabei um eines der wichtigsten Instrumente zur Lenkung des Blicks.

- **Kreis:** wirkt ruhig, hat wenig Bezug zu seinem Umfeld, weil nichts an ihm nach außen gerichtet ist,
- **Rechteck:** ruhig und stabil wie der Kreis, entfaltet aber durch seine Symmetrieachsen Wirkung über die Ecken hinaus,
- **Dreieck:** zieht Aufmerksamkeit an, wirkt sehr dynamisch in Richtung der Winkel,
- **Punkt:** ist klein im Verhältnis zum Bildausschnitt, muss aber groß genug sein, um als Punkt aufzufallen; zieht Aufmerksamkeit an, wirkt aber ruhig,
- **Linie:** leitet den Blick, gliedert Flächen, vermittelt je nach Richtung und Staffelung Bewegung oder Ruhe, Weite oder Tiefe usw.

Der Goldene Schnitt

Die Gegenstände oder Figuren, die für das Verständnis am wichtigsten sind oder die besonders auffallen sollen, werden in das Bildzentrum gerückt. Dieses Zentrum befindet sich allerdings oft nicht genau in der Mitte, sondern etwas versetzt davon zu den Rändern hin, weil dies für den Spannungsaufbau des Bildes günstiger ist. Dabei wird das aus der Kunst und Architektur bekannte Harmonie-Prinzip des Goldenen Schnitts* angewendet. In der Filmpraxis bedeutet das in der Regel, dass das Bild durch zwei senkrechte und zwei waagerechte Linien in neun etwa gleich große Rechtecke geteilt wird. Dabei entstehen vier Schnittpunkte, auf welche die bildwichtigen Elemente platziert werden. Da Filmbilder in Bewegung übergehen, können die Proportionen sich allerdings nicht ständig im idealen Verhältnis befinden.

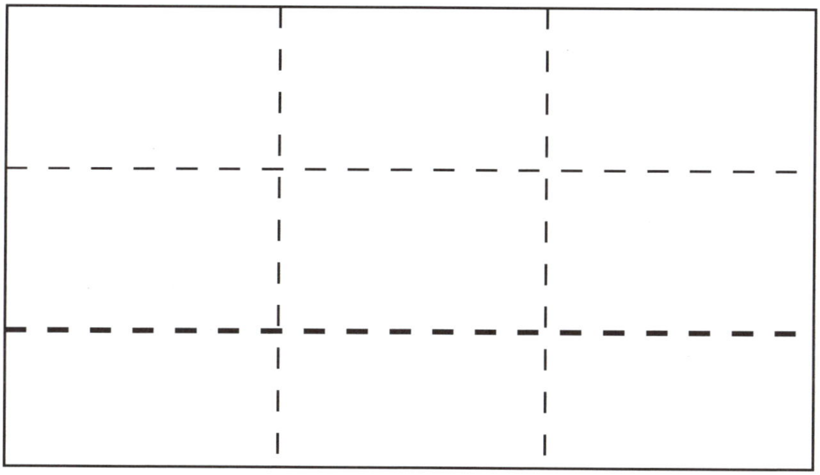

Kadrierung: Linien im Goldenen Schnitt (Schema)

Kadrierung am praktischen Beispiel angewendet (Vertigo, USA 1958)

4.5 Licht

Die Beleuchtung ist eine wichtige Komponente der Bildgestaltung. Gerade an dem Umgang mit Licht als bedeutungstragendem Element erkennt man, ob ein Film im Detail sorgfältig gemacht ist. Bei Produktionen „von der Stange" wird oft nur einheitlich hell ausgeleuchtet, um die Kosten und Mühe zu sparen, die erforderlich sind, um in einer Szene mit Licht eine charakteristische Stimmung zu schaffen, um Figuren zu charakterisieren usw. Bei der Analyse der Beleuchtung sind folgende Aspekte wichtig:

Herkunft

Lichtquellen

In diesem Bereich ist zwischen natürlichen Quellen wie dem Tageslicht und künstlichen zu unterscheiden. Neben den verborgenen Scheinwerfern werden Lichteffekte auch durch Quellen erzeugt, die Teil der filmischen Realität sind. In *Barry Lyndon* und *Molière* etwa sind komplette Szenen nur beim Schein von Kerzenlicht gedreht worden, um die historische Atmosphäre heraufzubeschwören. Durch den Einsatz von Filtern kann das Licht zusätzlich beeinflusst werden.

Qualität

Damit ist vor allem gemeint, welche Tönung und Farbe das Licht hat, ob es kalt oder warm wirkt, welchen Sättigungsgrad eine Farbe hat usw. Im Zusammenspiel mit den farbigen Oberflächen von Gegenständen und Kostümen kann das Licht differenzierte Wirkungen hervorrufen.

Härte

High-key-/Low-key-Beleuchtung

Das Licht kann hart oder weich wirken mit den entsprechenden Zwischenstufen. Hartes Licht entstammt punktförmigen Quellen, lässt Konturen hervortreten und bewirkt klar umrissene Schatten, wenn es auf ein Objekt fällt. Es wirkt entblößend und lässt Szenerie und Figuren unbarmherzig oder mysteriös erscheinen. Wenn hartes Licht vorherrscht, spricht man von einem Low-Key-Beleuchtungsstil, wie er z. B. für den Film Noir (▶ Info Seite 24) mit seiner pessimistischen Weltsicht prägend ist. Daneben gibt es den Normalstil, der natürliches Licht bevorzugt, und als Gegenstück zum Low-Key- den High-Key-Stil* mit seiner Betonung von weichem Licht. Dieses ist ungerichtet und diffus, es leuchtet den Raum gleichmäßig und ohne prägnante Schatten aus. Weiches Licht wird mit Romantik und Optimismus assoziiert. (▶ Abb. 6, Seite III)

Richtung

Der Eindruck von einer Figur oder einem Gegenstand hängt sehr stark von der Richtung ab, aus der das Licht darauf trifft. Durch die Lichtführung kann die Aufmerksamkeit des Zuschauers auf bestimmte Details gelenkt werden, andere können im Dunkel verborgen sein. Das Spiel mit Licht und Schatten weckt auch die Neugier des Zuschauers, regt seine Phantasie an.

Gegenlicht

In Abhängigkeit vom Beobachterstandpunkt unterscheidet man zwischen Frontal-, Seiten- und Gegenlicht. Beim Gegenlicht wird in die Quelle gefilmt, z. B. bei einem Sonnenuntergang, was einen stimmungsvollen Effekt mit sich bringen kann. In anderen Situationen (beim Polizeiverhör; unterwegs in der Wüste) blendet das entgegenkommende Licht. Es kann aber auch eine geheimnisvolle Wirkung haben, wenn es durch eine Figur verdeckt wird, die dann vom Licht „umflort" ist.

Vorderlicht/ Seitenlicht

Das Vorderlicht bildet kaum Schatten und bringt keine Tiefenwirkung hervor. Schräg auftreffendes Seitenlicht ist deshalb normalerweise die Hauptquelle, weil es Einzelheiten, Oberflächenstrukturen und Konturen herausarbeitet.

4.6 Schärfentiefe

Scharfe und unscharfe Bildbereiche

Die Schärfentiefe ist der Bereich eines Bildes, in dem Gegenstände scharf erscheinen. Er lässt sich durch die Einstellung der Brennweite des Objektivs und der Blende verändern. Schärfentiefe trägt zur Gestaltung des filmischen Bildes bei, weil sie die Wahrnehmung des Zuschauers beeinflussen kann, je nachdem, wie groß der scharf abgebildete Bereich ist und ob es sich dabei um Vorder-, Mittel- oder Hintergrund handelt. Eine Figur erfährt viel mehr Aufmerksamkeit, wenn sie scharf vor einem unscharfen Hintergrund abgebildet ist. Dies zeigt sich deutlich in der Abbildung aus *Alles auf Zucker* (▶ Abb. 1, Seite I). Im scharf eingestellten Vordergrund befindet sich Marlene; sie hat hier die Initiative übernommen. Jaeckie schaut ungläubig zu. Seine Passivität in der Situation spiegelt sich in der Unschärfe des hinteren Bildbereichs, in dem er sich aufhält. Die Schärfe des Bildes nimmt zunehmend nach links ab, was man an den senkrechten Linien erkennen kann, welche die Zuckers wie eine Barriere trennen.

Schärfenverlagerung

Eine Akzentverschiebung kann auch durch eine Schärfenverlagerung stattfinden, wenn also der scharf abgebildete Bereich sich innerhalb einer Einstellung verändert. Ein Bild mit großer Schärfentiefe, wie es Orson Welles in *Citizen Kane* verwendet, wird oft als Beleg für Realismus* gewertet, vor allem, wenn dieses Mittel mit der Totalen kombiniert wird, weil der Zuschauer dann eine größere Freiheit erhält, sein Auge schweifen zu lassen, und weil er weniger geführt wird.

4.7 Filmbeispiel: Whale Rider

Utopie als Inhalt der Bildgestaltung

Das Thema von *Whale Rider* (▶ Abb. 7 und 8, Seite IV) ist der Zwiespalt zwischen Moderne und Tradition, in dem sich ein Maori-Clan in einem neuseeländischen Küstenort befindet. Die Gegenwart wird in erster Linie als eine Kraft dargestellt, welche die Ureinwohner vereinzelt und entfremdet. In einer Welt, in der es für die überlieferten Mythen* und Gebräuche keinen Platz mehr zu geben scheint, lassen viele sich ziellos treiben. Der Film ist aber von dem Gedanken getragen, dass die Traditionen ihre wesentliche Aufgabe – das Stiften von Sinn und Gemeinschaft – auch heute noch erfüllen können. Diese Utopie wird durch den Handlungsverlauf vermittelt und visuell in einer Reihe von Bildern, die dem Zerfall der Umgebung Arrangements von Ausgewogenheit und Schönheit entgegenstellen. Mehrmals sind darin Objekte und Personengruppen so angeordnet, dass sie Dreiecke bilden, deren Spitze nach oben strebt und eine Verbindung zwischen Mensch, Erde und Himmel herstellt. Diese Dreiecke und die Formen und Linien, in die sie eingebettet sind, repräsentieren die Ordnung in der Kultur der Ureinwohner, die nur verschüttet ist und im Lauf des Films wieder geborgen wird.

Die o. a. Abbildungen zeigen jeweils in der Totalen Menschengruppen, die etwas gemeinsam tun. Einstellungsgröße*, Arrangement und Lichtgebung heben nicht Individuen heraus, diese sind vielmehr als Punkte oder Flächen zu Ketten verschmolzen. In Abbildung Nr. 7 (▶ Seite IV) stützt die Blickrichtung der Kamera zusätzlich diesen Eindruck. Man sieht von hinten eine Reihe von Schülern in der Versammlungshalle des Dorfes, die von Koro, dem Oberhaupt des Clans, unterrichtet werden. Die Dachbalken des großen Raums reichen fast bis zum Boden und bilden die Seiten eines Dreiecks, das wiederum ein zweites Dreieck, welches von den Menschen gebildet wird, überwölbt und damit schützt. Die Gruppe ist durch das Licht herausgehoben, das in schrägen, weichen Bahnen durch die Fenster hereinfällt. Das Bild bringt Ruhe und Bewegung, auch Flächigkeit und Tiefe ins Gleichgewicht. Die Diagonalen der Dreiecke ziehen den Blick nach oben, die der Fußbodenbalken in den Hintergrund. Einen Ausgleich für die vielen schrägen Linien schaffen die drei gedachten Fluchtpunkte außerhalb des Rahmens, an

Lichtgestaltung

denen sie sich treffen. Für Ordnung sorgen auch die horizontalen Linien der Fensterbalken und der Matte, auf der die Schüler sitzen. Für Festigkeit sind die senkrechten Balken zuständig, wobei die aufrechte Position des Lehrers eine Parallele zu den Stützpfeilern mit den geschnitzten mythologischen Figuren ergibt. Dass die Wiederherstellung der zersplitterten Sozialwelt von den alten Mythen ausgeht, zeigt sich schließlich daran, dass der Vordergrund von der großen Skulptur eingenommen wird, über der sich außerdem ein Lichtpunkt befindet, von dem aus die Menschen im Mittelgrund „erleuchtet" werden.

Gleichgewicht der Linien und Formen

Der Wal ist der Totem der Maori in *Whale Rider*, ihr Urvater und Schutzgeist. Sie führen ihre Herkunft auf den mythischen Walreiter Paikea zurück. Als am Ende des Films einige Wale vor ihrem Ort stranden, betrachten sie dies als Zeichen für den endgültigen Untergang ihrer Kultur. Auf dem zweiten Bild sieht man mehrere von ihnen bei dem verzweifelten Bemühen, einen der Wale mit feuchten Tüchern und Eimern voll Wasser am Leben zu halten. Tatsächlich finden die Menschen in diesem Moment höchster Gefahr nicht nur wieder zu gemeinsamem Handeln, sie verschmelzen auch mit ihrem Totemtier und der Umgebung. Die Gestaltung des Bildes erweckt den Eindruck größter Harmonie zwischen Mensch und Natur. (▶ Abb. 8, Seite IV) Das Bild ist durch horizontale Linien im Verhältnis 2 : 2 : 1 in drei Flächen geteilt: Land, Meer und Himmel. Der für die Wal-Menschen wichtigste Bereich, das Meer, beherrscht die Mitte. Alles ist mit dem gleichen Licht der Dämmerung übergossen. Bei verhangenem Himmel diffundieren die Strahlen gleichmäßig durch die Wolken und lösen die Kontraste auf. Oberflächenstrukturen sind nur schwach erkennbar. Die Farbgebung ist monochrom: Grautöne in verschiedenen Abstufungen dominieren das Bild. Lediglich die Menschen heben sich als dunklere Flächen ab. Als Dreieck, dessen Basis der Wal ist, strecken sie sich dem Meer entgegen, das ihre Bewegung in einer großen Woge erwidert, die sich als Linie quer über das Bild erstreckt und sich knapp oberhalb der Bildmitte mit der Spitze des Dreiecks berührt. Die Schatten der Menschen und des Wals glänzen im feuchten Sand des Vordergrunds, der damit das Motiv des Wassers aus dem Hintergrund wieder aufnimmt.

Verschmelzung von Menschen und Natur

Licht und Farbe

Fragen für einen ersten Zugang:

- Wird die Aufmerksamkeit ausschließlich auf den Raum innerhalb des Bildrahmens gelenkt?
- Wie beherrschend ist der Rahmen? Ist er durchlässig zum „Off-Screen-Raum"?
- Falls der „Off-Screen-Raum" einbezogen wird: In welcher Weise geschieht dies?
- Welche Einstellungsgrößen kommen besonders häufig vor?
- Gibt es von der Normalsicht abweichende Kamerawinkel? Welche Wirkung wird damit erzielt?
- Welche Arten von Kamerabewegungen werden eingesetzt? Welchen Einfluss auf Tempo und Atmosphäre des Films haben sie?
- Herrscht eher weiches oder hartes Licht in dem Film vor?
- Sind klare Konturen und Schatten typisch für den Film, oder werden diese vermieden?
- Welchen Beitrag leistet das Licht zur Gestaltung der Stimmung?
- Gibt es auffällig komponierte Bilder? Wirken sie eher dynamisch oder ruhig? Wie sind bildwichtige Figuren und Gegenstände darin angeordnet? Wie ist das Verhältnis von Vorder- und Hintergrund?

Aktivität 1

Die Internetpräsentationen von Filmen enthalten oft zahlreiche Fotos. Weitere Bilder findet man in der Internet Movie Database (IMDb). Wählen Sie zu einem Film, den Sie gesehen haben, drei Bilder für ein Referat aus.

- Beschreiben Sie die Bildgestaltung möglichst genau.
- Deuten Sie die Bildgestaltung im Zusammenhang mit Handlung und Aussageabsicht des Films.
- Begründen Sie, weshalb Sie die drei Bilder für repräsentativ im Zusammenhang mit dem Film halten.

Aktivität 2

Drucken Sie sich ein Filmfoto mit einer Einstellungsgröße zwischen nah und halbtotal aus und legen Sie es auf ein größeres Blatt Papier.

- Erweitern Sie das Bild nun zeichnerisch in den Off-Screen-Raum hinein.
- Stellen Sie fest, inwiefern sich nun der räumliche Eindruck, die Atmosphäre und die Aussage des Bildes verändern.

5 Produktionsdesign

Ausstattung von Raum und Figuren

Die Leinwand im Kino eröffnet dem Zuschauer den Blick in einen dreidimensionalen Raum. Die Bereiche der Filmherstellung, die mit der Ausstattung dieses Raums und der darin auftretenden Figuren beschäftigt sind, werden als Produktionsdesign bezeichnet. Das Design ist zuständig für:

- Auswahl und Vorbereitung der Drehorte,
- Entwurf und Herstellung von Kulissen, Bauten, Requisiten und Kostümen,
- Maske und Frisuren,
- Special Effects,
- das Farbkonzept eines Films, sofern es mit der Beschaffenheit von Oberflächen, Stoffen, Materialien usw. zu tun hat.

Ausstattungsfilme

Das Filmdesign schafft in Zusammenarbeit mit Regisseur und Kamera die Voraussetzungen dafür, dass der „Look"* eines Films zusammenhängend wirkt. Als gelungen gilt das Design bei einem Film, in dem sich alle Ausstattungsdetails einem Gesamtkonzept unterordnen.
Das Design kann in Filmen einen ganz unterschiedlichen Stellenwert haben. In sogenannten Ausstattungs- und Kostümfilmen wie *Vom Winde verweht* und *Titanic* wird damit ein besonders großer Aufwand getrieben. Dabei geht es meistens darum, eine vergangene Epoche prachtvoll heraufzubeschwören. *Titanic* ist gleichzeitig ein Beispiel für modernes Blockbuster-Kino (▶ Info S. 56), das den Zuschauer mit sensationellen Special Effects überwältigen will. Das Aufsehen erregende Design wird dabei leicht zum Selbstzweck. Interessanter für die Analyse sind Filme, die das Design dazu nutzen, um die Wirklichkeit zu verfremden. Sie beziehen ihre Faszinationskraft gerade aus einer visuellen Idee, die stilsicher über jedes Detail der Ausstattung verfolgt wird: In *Das Mädchen mit dem Perlenohrring* ist dies der Versuch, durch Bildzitate von Vermeer und anderen Malern die Stimmung niederländischer Gemälde des 17. Jahrhunderts nachzuempfinden; in *Charlie und die Schokoladenfabrik* sind es die grellbunten Sets und extravaganten Kostüme mit ihren Anleihen beim Comic und dem Horror-Genre, die dem Zuschauer in Erinnerung bleiben. In jedem Falle gilt aber auch hier, dass das Design eines Films nur dann für die Analyse wirklich relevant ist, wenn es Bedeutung trägt, nicht wenn es nur dekorativ ist oder Oberflächenreize bietet.

Die visuelle Idee

Design als Bedeutungsträger

Info

Blockbuster: Ein Film, der mit sehr hohem finanziellen Aufwand produziert wird und mit entsprechenden Gewinnerwartungen versehen ist. Hollywood-Blockbuster wie *Der Herr der Ringe*, *Harry Potter und der Feuerkelch* und *King Kong* waren zeitweise für 70 Prozent der Einspielergebnisse auf dem europäischen Kinomarkt verantwortlich. Diese werden aber bei einem Blockbuster heutzutage selbst nur noch mit 15 Prozent der Gesamteinnahmen kalkuliert; der Film bildet nur den Mittelpunkt einer umfassenden Marketing-Strategie, die auf Merchandising und den DVD-Verkauf setzt. Blockbuster sind der Inbegriff des Mainstream, weil sie nur funktionieren, wenn sie eine breite Masse von Zuschauern in möglichst vielen Ländern der Welt ansprechen. Ihre Dramaturgie ist oft so konzipiert, dass Nachfolgefilme (Sequels) möglich sind.

5.1 Aufgaben des Design

Die Ausstatter müssen zunächst praktische Fragen klären, vor allem im Hinblick auf die Bewegung der Schauspieler im Raum und auf die Beleuchtung: Von wo tritt eine Figur auf? Wohin tritt sie ab? In welche Richtung wird eine Häuserzeile gebaut, um den besten Lichteinfall zu gewährleisten? Darüber hinaus erfüllt das Design mehrere wichtige Aufgaben:

Filmdesign entwirft das Setting

Orientierung der Zuschauer

Mit Setting ist die Umgebung gemeint, in welcher das Geschehen eines Films stattfindet. Es ist der Hintergrund, vor dem die Figuren agieren und der Einfluss auf ihre Handlungen hat. Ein sorgfältig eingeführter Ort ist auch eine wichtige Voraussetzung dafür, dass der Zuschauer sich zurechtfinden und das Gesehene verarbeiten kann. Zum Setting gehören Landschaften, Städte und Innenräume. Zu einem charakteristischen Handlungshintergrund wird ein Ort aber erst durch seine besonderen Eigenschaften, etwa in Bezug auf seine Geografie (Vegetation, Klima) und sein soziales, technologisches und kulturelles Umfeld (Möblierung, Kleidungsstücke, Accessoires, Nahrungsmittel, Fahrzeuge usw.).

Filmdesign schafft Atmosphäre und Emotionen

Ein Beispiel für einen Film mit einer markanten Atmosphäre, die aus dem Setting erwächst, ist *Willenbrock*. Die verstopften Autobahnen, die kahlen, unbelebten Vorortstraßen, das Nieselwetter im Magdeburg der Nachwende-Zeit sorgen für eine melancholische Stimmung von großer Intensität, die im Gegensatz zu der Zuversicht der Hauptfigur steht und den Zerfall seiner Lebenslügen widerspiegelt. Dass eine triste Stadtlandschaft ganz andere Gefühle hervorrufen kann, zeigt der Film *East is East*, dessen Handlungsort ein slumähnliches Viertel im Manchester der siebziger Jahre ist, in dem Alteingesessene und pakistanische Einwanderer nebeneinander leben.

Hier sieht der Zuschauer Menschen, die zusammen Musik machen, belebte Straßen, spielende Kinder. Das Dürftige der Lebensverhältnisse, die Geschmacklosigkeit von Frisuren und Wohnzimmereinrichtungen werden mit groteskem Humor präsentiert. Das Design trägt so dazu bei, dass der Film trotz der heftigen Auseinandersetzungen, welche die Figuren sich liefern, insgesamt einen Eindruck von Vitalität und Aufbruchsstimmung erzeugt.
Die genannten Beispiele verdeutlichen, dass Bauten, Requisiten und Kostüme mehr sind als nur Gebrauchsgegenstände oder Dekoration:

Filmdesign schafft ein System von Zeichen

Charakterisierung von Figuren

Elemente des Design können Zeichen sein, deren Entschlüsselung den Zuschauer zu einem tieferen Verständnis eines Films führt. Einige treten als Leitmotive* auf und stellen vielfältige Beziehungen innerhalb eines Films her. Sie leiten den Blick auf innere Zusammenhänge. Andere lassen sich als Symbole deuten: Als Gegenstände haben sie eine Funktion für die Handlung, weisen aber darüber hinaus und laden den Film mit Bedeutung auf. Das Design stützt die Charakterisierung und Entwicklung von Figuren, und es macht Beziehungen und Konflikte sichtbar, die im Drehbuch angelegt sind.

Die Eingangssequenz vieler Filme verdichtet die symbolische Wirkung des Design und macht den Anfang zu einer Schwelle, über die der Zuschauer direkt in den thematischen Mittelpunkt gelangt. So wird in *Lost in Translation* durch intensive visuelle Eindrücke sofort eine tranceartige Stimmung geprägt. Alles liegt halbwach in einem Dämmerzustand, zwischen Bildern von entrückter Schönheit und kalter Pracht. Von der Rückenansicht einer schlafenden Frau wechselt die Szene in ein Taxi, das vom Flughafen kommend, nachts durch das Zentrum von Tokio fährt. Der Fahrgast ist ein Ausländer, der nur mühsam seinen Jetlag abschütteln kann und in höchster Verwunderung auf eine spektakuläre Zeile von Hochhäusern blickt. Die Kamera fährt an den hypermodernen, vom grellbunten Neonlicht illuminierten Fassaden und den unverständlichen Schriftzeichen entlang. Ungläubig staunt der Mann, als er sein eigenes Gesicht auf einer riesigen Whiskey-Reklame entdeckt. In dieser Welt ist er sich selbst völlig fremd. Der Beginn von *Lost in Translation* zieht den Zuschauer so schon unvermittelt hinein in das den ganzen Film bestimmende Gefühl des Verlorenseins in einer Welt, die unwirklich scheint, weil sie keinen menschlichen Maßstab mehr hat.
Schließlich lässt das Design Rückschlüsse auf das Verhältnis eines Films zur Wirklichkeit zu:

Das Design legt die Realitätsebene fest, auf der ein Film angesiedelt ist

Design und Authentitzität

Dabei gibt es zahlreiche Möglichkeiten zwischen Realismus* und vollständig erdachten Phantasiewelten. An einem Ende der Skala finden sich Filme, die jegliche Illusion ablehnen und praktisch auf die Straße hinausgehen, um Milieus „authentisch" abzubilden. Gedreht wird an alltäglichen Orten, die dem Zuschauer oft vertraut sind. In dieser Art von Kino wird kaum in Studios gearbeitet, und das Produktionsdesign wirkt reduziert. Wird sogar eine bewegliche Handkamera* verwendet und am Set improvisiert wie in den Dogma-95-Filmen (▶ vgl. Kap. 9.2.3), kann es schon deshalb kaum gebaute Kulissen geben, weil die Schauspieler daraus herauslaufen könnten. Dass ein Ausdruck von Natürlichkeit oder Authentizität angestrebt wird, lässt sich allgemein auch daran erkennen, dass der Bereich der Maske (Make-up, Frisuren usw.) stark zurückgenommen ist. Soll andererseits eine vergangene Welt möglichst realistisch abgebildet werden oder eine, die weiten Teilen des Publikums fremd ist, will man sich nicht dem Vorwurf aussetzen, dass die Details nicht stimmig sind, etwa wenn in einem Film, dessen Handlungsort die DDR ist, Lampen in den Wohnungen hängen, die es dort nie gab.

Design im Mainstreamfilm

Der Mainstreamfilm* ist wiederum auf absolute Schlüssigkeit der Details angewiesen, um den Anschein einer sich bruchlos entfaltenden Handlung aufrechtzuerhalten. Hier wird nach professioneller Perfektion gestrebt, dafür sind diese Filme auch beim Produktionsdesign oft kaum unterscheidbar. Andererseits werden in Filmen, die sich von solchen Zwängen frei machen, Unstimmigkeiten im Design mitunter bewusst inszeniert. In *Caché* gibt es z. B. eine Dialogszene, in der im Hintergrund ein Fernsehgerät mit laufenden Nachrichten über ein Kriegsgeschehen zu sehen ist, noch dazu in der Bildmitte und vor einer unruhigen Bücherwand.

Unstimmigkeiten im Design

Im klassischen Kino würde dies als Störung und Ablenkung empfunden; in *Caché* vermittelt das Bild einen der Risse im Leben des Ehepaars, das seine bequemen Sicherheiten im Lauf des Films einbüßt und sich verdrängten Ängsten stellen muss, auch solchen, die über Medien wie das Fernsehen einsickern und verstärkt werden (▶ Abb. 9, Seite V).

5.2 Kontraste als Gestaltungsmittel

Gegensätzliche Welten

In vielen Filmen wird eine besondere Wirkung aus der Verwendung kontrastierender Räume, Kostüme oder Farben gezogen. Steil aufragende Hochhäuser mit abweisenden Glasfassaden und Uhren, die an kahlen Wänden hängen, repräsentieren in *About Schmidt* die Lieblosigkeit und Ordnungswut, mit denen Schmidt seine Mitmenschen traktiert. Erst bei der Reise zur Hochzeit seiner Tochter erlebt er, was gefehlt hat, und zwar in Häusern, die leicht heruntergekommen wirken, in denen die Menschen aber zwanglos zusammen an runden Tischen und in Whirlpools sitzen und miteinander reden. Ein Beispiel für einen Film, dessen gesamtes Design auf der Inszenierung von Gegensätzen beruht, ist *Local Hero*. Hier werden zwei Handlungsstränge miteinander verwoben, die synchron an Orte gebunden sind, die nicht unterschiedlicher sein könnten: die texanische Metropole Houston mit der Geschäftszentrale eines global operierenden Energiekonzerns und ein kleines Fischerdorf an der schottischen Küste, in dem ein gigantischer

Öl-Terminal errichtet werden soll. Während Houston als kalte und schnelllebige Heimat von Hightech, Wohlstand und Modernität präsentiert wird, wirkt das Dorf fast märchenhaft in seiner Ursprünglichkeit und Abgeschiedenheit in atemberaubend schöner Natur. In den Büros der Großstadt gibt es vor allem uniform gekleidete Anzugträger, auf dem Land eine Fülle von Exzentrikern und sogar eine Meeresbiologin, die mehrfach wie eine Nixe aus den Fluten aufsteigt. Der Film schildert, wie Mac, der Abgesandte von „Knox Oil and Gas", dem Zauber der anderen Welt verfällt und das Leben findet, nach dem er sich insgeheim gesehnt hat. Maske und Kostüm dokumentieren diesen Prozess, indem im Lauf der Zeit ein Mac gezeigt wird, der sich auch äußerlich zunehmend zwangloser präsentiert.

Veränderungen im Design

Die kontrastierenden Welten in *Local Hero* bleiben weitgehend unverändert; es wird lediglich gezeigt, wie eine Figur von einer Sphäre in die andere wechselt. In vielen Fällen sind es aber gerade Veränderungen eines oder mehrerer Elemente des Settings, die Bedeutung schaffen. Ein Beispiel hierfür sind die zahlreichen Häuser, die in Filmen umgestaltet oder gebaut werden wie in *Der einzige Zeuge* und *Das Haus am Meer*. Beidemale erwachsen aus der gemeinschaftlichen Arbeit von Familie, Freunden und Nachbarn Zusammengehörigkeitsgefühl und Vertrauen. Mit jedem Zureichen der Bretter und Ziegel soll deutlicher werden, was Gesellschaft ausmacht.

5.3 Elemente des Design

Objekte

Symbolfunktion übernehmen besonders oft einzelne Objekte wie der leere Vogelkäfig in *Halbe Treppe*, mit dem Uwe sich auf die Suche nach dem entflogenen Wellensittich macht, während gerade seine Ehe in die Brüche geht (▶ Abb. 10, Seite V). In *About Schmidt* weiß der Zuschauer, dass dem Protagonisten große Änderungen bevorstehen, als seine Frau überraschend bei der Hausarbeit stirbt und die Kamera den noch laufenden Staubsauger in Großaufnahme zeigt. Schmidts bisheriges Leben wird einfach weggesaugt. In *Whale Rider* versinnbildlichen das nur halb fertiggestellte Boot am Strand sowie mehrfach Seile, die unter Spannung geraten und reißen, die Gefährdung des Maori-Clans, dessen Zusammenhalt und Traditionen dem Druck der Modernisierung kaum noch standhalten.

Kostüme und Maske

Das gesamte, direkt auf die Filmfiguren bezogene Design, wozu die Kleidung, Frisuren und Make-up zu rechnen sind, kann

- eine Figur psychologisch charakterisieren,
- sie sozial charakterisieren,
- ihre Beziehungen zu anderen Figuren verdeutlichen,
- ihre Geschlechtsidentität definieren,

– ihr als Versteck oder Mittel der Täuschung dienen,
– ihre Entwicklung nachvollziehbar machen.

Symbolfunktionen einzelner Gegenstände

Ein einfacher Gegenstand, der alle diese Funktionen erfüllt, ist Griets weiße Haube in *Das Mädchen mit dem Perlenohrring*. Sie ist Teil der Kleidungsvorschriften für eine Frau niederen Ranges im Holland des 17. Jahrhunderts und damit Zeichen der gesellschaftlichen und moralischen Schranken, innerhalb derer eine Magd und ledige Frau sich bewegt. Die Haube macht Griet zu einem geschlechtslosen und spröden Wesen, dem ihre Umgebung eine eigene Identität nicht zugesteht. Dass mehr in ihr steckt, kommt lange Zeit nur unterschwellig zum Ausdruck. Dies ändert sich schlagartig, als sie auf einem der Höhepunkte des Films die Haube abnimmt und ihr volles, rotblondes Haar enthüllt. Es ist ein Moment der Befreiung und der erotischen Erweckung, der Griet als eigenständiges, ihrer Herrschaft ebenbürtiges Individuum erscheinen lässt. Während hier ein Detail vielfältige Wirkungen entfaltet, kann das Figurendesign auch zu einer aufwendigen Körperinszenierung genutzt werden, die einen ganzen Film dominiert. Ein auffälliges Beispiel ist der von Robert de Niro verkörperte Max Cady in *Kap der Angst*, ein Verbrecher, der nach seiner Haftentlassung das Leben des Anwalts Sam Bowden zerstören will. Dieser hatte in Cadys Prozess entlastendes Material unterschlagen. Maske und Kostüm machen Cadys Körper nun zur Fleisch gewordenen Vergeltungsmission: Er kleidet sich schrill und aufdringlich. Im roten Hawaiihemd ist er von seinen Opfern nicht zu übersehen und wird zur ständig präsenten Bedrohung. Außerdem ist sein gesamter Oberkörper mit alttestamentarischen Rachevisionen tätowiert als deutlichstes Zeichen seiner Persönlichkeitsstörung, die sich als maßlose Selbstgerechtigkeit und Ablehnung aller Normen und Regeln äußert.

Körperinszenierung

Farbe

Farbdramaturgie

Lichtgebung

In vielen Filmen wird Farbe als wichtiges Gestaltungsmittel eingesetzt. Filmklassiker wie *Vertigo* oder *Fanny und Alexander* erzeugen gerade aufgrund ihrer ausgeklügelten Farbdramaturgie, wegen ihres kenntnisreichen Umgangs mit Farbnuancen und -kontrasten einen bleibenden Eindruck. Dabei kann der farbliche Ausdruck von Kostümen, Haaren, Vorhängen, Tapeten, Pflanzen, Landschaften usw. durch die Lichtgebung beeinflusst und intensiviert werden. Von dem auf das Material treffenden Licht hängt es maßgeblich ab, ob eine Farbe z. B. leuchtend oder matt, warm oder kalt, glänzend oder stumpf wirkt.

Farben eignen sich für Akzentuierungen. Sie markieren dramaturgische Höhepunkte und Wendemarken eines Films, und sie üben große emotionale Wirkung aus. Ihr Symbolwert ist teilweise kulturell bedingt und in der populären Kunst nicht selten stereotyp verfestigt, etwa wenn man die Guten schon an ihrem goldblonden Haar erkennt, die Bösen aber am schwarzen. Offensichtlich spielt bei der Entschlüsselung der Signale, die von Farben ausgehen, aber auch das Unterbewusstsein eine Rolle, denn bestimmte Bedeutungen werden Farben kultur- und zeitübergreifend beigemessen:

Bedeutung von Farbsignalen

- **Rot:** Verführung, Leidenschaft, Rebellion, Aufbruch, Aggression, Macht,
- **Blau:** Treue, Sehnsucht, Selbstbeherrschung, Frische, Leichtigkeit, Unendlichkeit,
- **Grün:** Leben, Liebe, Hoffnung, Ruhe, Harmonie,
- **Gelb:** Licht, Heiterkeit, Neid,
- **Weiß:** Reinheit, Unschuld, Ursprung, Weisheit, Wahrheit,
- **Schwarz:** Finsternis, Vernichtung, Tod, Verzicht.

Bei der Filmanalyse dürfen aber auch Farben nicht schematisch gedeutet werden, sondern immer nur in Verbindung mit dem besonderen Zusammenhang, in dem sie jeweils Verwendung finden. Dazu gehört u.a. die Wechselwirkung aller Farben, die in einem Film eine Rolle spielen. So hat Rot häufig die Tendenz, sich in den Vordergrund zu drängen und andere Farben zu dominieren, aber mit ganz unterschiedlichen Resultaten, wie z.B. die vielen roten Kleider in Filmen zeigen. *Zeit der Unschuld* spielt um 1900 und damit in einer Zeit, in der ihre Scheidung die Gräfin Olenska zur Außenseiterin macht. Dass sie sich dennoch nicht zurückzieht, stört die zerbrechliche Ordnung der Gesellschaft. Filmisch wird diese Provokation durch das rote Kleid zum Ausdruck gebracht, das sie aus der Menge der in dezenten Tönen gekleideten Teilnehmer einer Abendgesellschaft heraushebt. Das rote Abendkleid, das Lena in *Rosenstraße* trägt, verkörpert hingegen einen Akt der Selbsterniedrigung. Sie spielt darin ihre Schönheit aus, als sie Josef Goebbels gegenübertritt in einem verzweifelten Versuch, die Freilassung ihres jüdischen Ehemannes zu bewirken. So wie sie hofft, verführerisch genug zu wirken, und zugleich von Widerwillen erfüllt ist, mischen sich schimmernde und matte Reflexe auf dem Samt des Kleides. Die unheilbar kranke Starpianistin Iris in *Blueprint* wiederum hat sich klonen lassen. Ihr großartiges Talent soll in Siri weiterleben. Als sie gemeinsam mit Siri ein Konzert gibt, wirkt Iris in ihrem roten Galakleid dominant. Ihre Garderobe kontrastiert mit dem dunkelblauen Kleid Siris, das dem Klon einen Platz im Hintergrund zuweist. Die Farbgebung visualisiert, was die Tochter bereits weiß, dass die Mutter das Original ist und sie nur eine Kopie.

Architektur und Landschaften

Symbolwert

Der Raum im Film ist immer ein erfundener und inszenierter; er erwächst in hohem Maße aus der subjektiven Vorstellung von Regisseur und Designer. Dies lässt sich z.B. an einem Supermarkt erläutern, der so selbstverständlich zur Lebenswelt des Zuschauers gehört, dass er gewöhnlich keine besonderen Gefühle auslöst. Supermärkte gehören im Kino sehr häufig zum Setting, setzen sich in der Erinnerung aber nur fest, wenn sie über ihre Alltäglichkeit hinausragen. Einige wie der Supermarkt in *One Hour Photo* werden zu symbolischen Orten, an denen das Unbehagen an der modernen

Lebensweise greifbar wird. Er strahlt eine beklemmende Kälte aus, blanke, weiße Flächen werfen das Licht der Neonleuchten zurück. In Anbetracht der Einsamkeit des Protagonisten Sy Parrish (gespielt von Robin Williams), der dort als Fotolaborant angestellt ist, wirken die Glücksversprechungen der Konsumgesellschaft banal und unwirklich. Der Supermarkt wird durch das Design zu einer Seelenlandschaft für Sys krankes Gemüt.

Landschaften Städte

Schwieriger als bei Innenräumen ist die Ausgestaltung von Landschafts- und Stadträumen zu Handlungsorten, es sei denn, diese werden teilweise oder vollständig künstlich durch Spezialeffekte erzeugt. Generell gilt auch bei Landschaften und Städten im Film, dass sie in Szene gesetzt sind, auch wenn sie real existieren und das Publikum sie leicht identifizieren kann (z.B. als Paris oder den Himalaya). Sie können schließlich niemals in ihrer Gänze abgebildet werden oder so, wie der einzelne Zuschauer sie kennt. Auf der Leinwand sichtbare Wahrzeichen oder Postkartenmotive dienen vor allem dazu, dem Zuschauer die Orientierung zu erleichtern. Ein Blick auf die markante Skyline, und man weiß, dass New York der Schauplatz ist. Das eigentliche Ziel von Regisseuren und Designern besteht aber darin, auch einen bereits unendlich oft gezeigten Ort immer von neuem zur Projektionsfläche für die unterschiedlichsten Erfahrungen, Gefühle und Wünsche von Filmfiguren zu machen. Dementsprechend werden Straßenzüge,

New York

Häuser, Parks usw. ausgewählt und ins Bild gerückt. So nimmt New York im Film viele Gestalten an, nicht nur die des sprichwörtlichen „Big Apple" und Schmelztiegels der Kulturen. Man hat es u.a. auch schon als Metropole eines korrupten, habgierigen Kapitalismus gesehen (*Wall Street*), als modernes Babylon voll moralischer Verwahrlosung und sinnloser Gewalt (*Taxi Driver*) oder als eine nach dem 11. September (2001: Terroranschlag auf World Trade Center) tief verunsicherte Stadt (*25 Stunden*).

Architektonische Formen

Das Motiv der Stadt hat im Film oft eine herausragende Bedeutung, noch häufiger aber einzelne architektonische Formen wie Treppen, Wendeltreppen, Gänge, Labyrinthe, Türme, Säulen, Eingänge und Brücken. Diese haben eine dramaturgische Funktion, weil sie oft Wendepunkte und spannungsgeladene Momente kennzeichnen; insbesondere Treppen ermöglichen auch wirkungsvolle Auftritte. Viele haben wiederum eine symbolische Funktion und verweisen oft auf Vorgänge im Unterbewusstsein der Figuren. Eine besondere Häufung von architektonischen Formen findet sich in der letzten Szene von *Mathilde – eine große Liebe*. Mit Hilfe des Designs werden hier noch einmal Mathildes Lebensweg, ihre jahrelange Suche nach dem verschollenen Geliebten Manèche und ihre Bewährung rekapituliert. Zunächst verweilt sie noch in einem runden Pavillion, einem Sinnbild ihrer behüteten Jugendzeit vor dem Aufbruch zum Abenteuer. Nachdem sie aufgestanden ist, muss sie nur noch eine kurze Strecke zurücklegen, um Manèche endlich wieder gegenüberzustehen. Auf diesem Weg muss die gehbehinderte Mathilde aber zunächst noch eine Treppe hinaufsteigen, an deren Fuß sie ihre

Helfer zurücklässt. Dann tritt sie in einen dunklen Gang, dessen Ende hell leuchtet und der sie schließlich in einen lichtdurchfluteten Garten führt, in welchem Manèche sie erwartet. Nun ist sie endgültig in ihre frühere ländliche Idylle zurückgekehrt, aber als ein innerlich gereifter Mensch. Der Gang ist wie ein Geburtskanal, den eine neue Mathilde verlässt.

Figur und Raum

Das Verständnis der Räume in einem Film erschließt sich häufig über die Frage, inwieweit die Figuren darin integriert bzw. isoliert sind. Das Pariser Monmartre-Viertel mit seinen verwinkelten Gassen ist die ideale Umgebung für die Hauptfigur in *Die fabelhafte Welt der Amélie*. Dagegen wirkt der Mensch in den Filmen von Terence Malick (*Badlands*, *Der schmale Grat*) wie ein Fremdkörper in der Natur, deren Unschuld und Schönheit er mit seiner Gewalttätigkeit zerstört.

5.4 Filmbeispiel: Brokeback Mountain

Brokeback Mountain (▶ Abb. 11, Seite VI) ist die Geschichte von zwei jungen Männern, des Ranchgehilfen Ennis del Mar und des Rodeo-Reiters Jack Twist, die im Jahre 1963 angestellt werden, um einen Sommer lang gemeinsam eine Herde Schafe in den Bergen von Wyoming zu hüten. Für beide unerwartet, entwickelt sich in der Wildnis eine enge Beziehung, die sie für den Rest ihres Lebens nicht voneinander loskommen lässt. Sie halten ihre Leidenschaft füreinander geheim, denn sie ist in der konservativen Welt des amerikanischen Westens unaussprechlich. Beide heiraten und werden Familienväter, verbringen aber regelmäßig zusammen einige Wochen auf dem Brokeback Mountain. Ihre Affäre endet nach neunzehn Jahren mit Jacks Tod.

Zwei Sphären

In dem Film gibt es zwei klar abgegrenzten Sphären, die der Erfüllung und jene der Versagung. Diesem Umstand entsprechen die scharfen Kontraste im Design des Films, der mehrfach zwischen zwei unterschiedlichen Settings wechselt, den luftigen, freien Höhen der Berge und den besiedelten, staubigen Ebenen um sie herum.

Natur contra Zivilisation

Wirkliche Erfüllung finden Jack und Ennis nur in dem einsamen Paradies ihrer Sommer in der Bergwelt der Rocky Mountains; anschließend müssen sie wieder in die Hölle der von Menschen geschaffenen Zivilisation hinuntersteigen. Die eine Welt verkörpert Fülle, Weite, Lebendigkeit und Schönheit, hier können sie mit sich selbst und der Natur im Einklang leben. Die andere Welt ist eine des Mangels. Sie wirkt eng, leer und erstarrt, beherrscht von Zwängen und gesellschaftlichen Konventionen. Vor allem in der ersten halben Stunde des Films sieht man Jack und Ennis allein unter einem endlosen Himmel in der unberührten Landschaft mit ihren spektakulären Panoramen. Grün und Blau kommen als vorherrschende Farben in zahlreichen Abstufungen vor. Das Design erweckt in diesen Szenen laufend Assoziationen zu den Mythen* des amerikanischen Westens. Jack und Ennis erinnern zu diesem Zeitpunkt in Kleidung und Habitus an den Marlboro Man: Sie bereiten Bohnen am Lagerfeuer zu, reiten an klaren Gebirgsbächen entlang und haben immer eine Schachtel Zigaretten griffbereit. Allerdings hüten sie keine Rinder, sondern Schafe, traditionell ein Symbol des Lebens im Zustand der Unschuld. Insgesamt vermittelt das Setting des Anfangs (trotz der Gefahren und Härten, die die Wildnis auch mit sich bringt) den Eindruck eines Goldenen Zeitalters, dessen Ende schließlich heraufziehende Unwetter vorankündigen.

Lureens Rodeokostüm

Der größere Teil von *Brokeback Mountain* spielt aber in der Welt der Versagung, repräsentiert durch armselige Farmen, Trailer Parks und Kleinstädte, windzerzauste Hinterhöfe und billige Bars. Wie das Dasein sind hier die Farben gedämpft. Einen wichtigen Einschnitt markiert allerdings Lureens rotes Rodeokostüm, mit dem sie in Jacks Leben prescht und die Trennung von Ennis forciert, die den Zwang zur Geheimhaltung endgültig zur Notwendigkeit macht. Die späteren heimlichen Treffen am Brokeback Mountain erreichen nie wieder die Magie des ersten Sommers. Maske und Frisuren verdeutlichen nicht nur den Prozess der Alterung über die Jahre, sondern signalisieren auch die hermetische Abschließung von der Welt, die Verbitterung der Figuren. Dies betrifft nicht nur Jack und Ennis, sondern auch ihre Ehefrauen, die durch das Verhalten ihrer Männer ebenfalls um ihr Glück betrogen werden. Jacks Bart, Ennis' Hut, den er immer tiefer ins Gesicht zieht, Lureens Betonfrisur sind Zeichen des Rückzugs in sich selbst. Die letzte gemeinsame Szene mit Jack und Ennis findet an einem herbstkalten Brokeback Mountain statt, der die heraufziehende Kühle in der Beziehung spürbar macht. Unterschiede im Verhalten der beiden repräsentieren ihre Jacken, denn Jacks steht offen, während sich Ennis im wörtlichen Sinne zugeköpft gibt.

Veränderung bei Maske und Frisuren

Filmschluss

Der Film endet mit einem Bild, das mit Hilfe von drei Objekten noch einmal ironisch zum Ausdruck bringt, unter welchen Umständen allein sich Ennis seine Liebe vorstellen kann. Es nimmt den englischen Ausdruck „closet gay" für einen Homosexuellen, der seine Neigung versteckt („closet" = Wandschrank), wörtlich. Ennis bewahrt nun im Kleiderschrank des Trailers, in dem er mittlerweile alleine wohnt, auf einem Bügel die zwei Hemden auf, welche die beiden am letzten Tag ihres ersten gemeinsamen Aufenthalts auf dem Berg trugen. Die vollkommen aneinander gefügten Hemden und die daneben hängende Postkarte des Brokeback Mountain machen anschaulich, dass Ennis seine Identität für immer nur im Verborgenen leben kann.

Fragen für einen ersten Zugang: Produktionsdesign

- Wie ist das Setting gestaltet?
- Welche Atmosphäre wird durch das Setting geschaffen?
- Inwiefern beeinflusst das Setting die Handlungen der Protagonisten?

- Welche Elemente des Design kommen als Leitmotive wiederholt vor?
- Welche Rückschlüsse auf die Protagonisten lassen Kostüme und Maske zu? Welche Vorstellungen von Männlichkeit bzw. Weiblichkeit kommen in Kostümen und Maske zum Ausdruck?
- Welche farblichen Akzente fallen in dem Film auf?
- Welche Funktion haben Farbeffekte für den Handlungsaufbau des Films und die Charakterisierung der Figuren?
- Welche Objekte und Architekturelemente haben in dem Film eine Symbolfunktion?
- Welche Veränderungen im Bereich des Design finden im Verlauf des Films statt?
- Welche Funktion haben die Veränderungen?

Aktivität 1
Wählen Sie zwei Orte aus, die Ihnen vertraut sind und die zueinander in Beziehung stehen: gleiche Stadt, aber deutlich miteinander kontrastieren (z. B. der Potsdamer Platz und der Treptower Park in Berlin). Entwickeln Sie ein Exposé zu einem Film, in dem die wichtigsten Szenen an diesen beiden Orten spielen.

- Beschreiben Sie die Orte (Atmosphäre, Farben, Architektur, Menschen usw.).
- Überlegen Sie, was die Orte in dem Film jeweils repräsentieren sollen (Werte, Lebensweisen, Traditionen usw.).
- Entwerfen Sie Figuren, Konflikte und eine Handlung für den Film.

Aktivität 2
CSI ist eine experimentierfreudige amerikanische Fernsehserie, die auch Einfluss genommen hat auf die Art, wie heute Kinofilme gemacht werden. Sie wurde wegen ihres Erfolgs durch zwei „Spin-Offs" ergänzt. Ursprünglich ermittelte nur ein Team von Kriminalisten, und zwar in Las Vegas. Mittlerweile gibt es die Ableger *CSI: Miami* und *CSI: New York*. Der Reiz der Serie besteht u. a. in dem jeweils individuellen „Look" der Ableger:

- Untersuchen Sie das gesamte Produktionsdesign der drei *CSI*-Teilserien. Welche Gemeinsamkeiten und welche Unterschiede gibt es?
- In welchem Zusammenhang steht das Design, insbesondere die Filmarchitektur, jeweils zu der Art der Verbrechen, die in Las Vegas, Miami und New York aufgeklärt werden?

6 Schauspiel

6.1 Einfühlung und Verfremdung

Interpretation von Figuren

Ein Darsteller im Film hat die Aufgabe, eine von einem Drehbuch vorgegebene Figur zu interpretieren und ihr auf der Leinwand Leben einzuhauchen. Gewöhnlich herrscht die Vorstellung, ein Schauspieler sollte völlig mit seiner Figur verschmelzen. Tatsächlich fordern Regisseure jedoch manchmal das Gegenteil von ihnen; sie sollen dann Distanz zu dem Menschen wahren, den sie präsentieren. Insgesamt bewegen sich die Möglichkeiten des Schauspielers zwischen zwei Polen, von denen man den einen mit „Einfühlung"*, den anderen mit „Verfremdung"* bezeichnen kann.
Einfühlung entspricht der Praxis traditioneller Schauspielkunst im Theater, während Verfremdung von modernen Theatertheoretikern (vor allem von Bertolt Brecht) gefordert wird, die auch den Film beeinflusst haben. Zwischen den beiden Ansätzen bestehen wesentliche Unterschiede:

Einfühlung	Verfremdung
Identifikation des Schauspielers mit der Figur	Analytischer Umgang mit der Figur
Konzentration auf die emotionale Situation der Figur	Konzentration auf die soziale Situation der Figur
Hervorrufen von Gefühlen, die mit denen der Figur übereinstimmen, im Schauspieler und im Zuschauer	Nachdenken über die Figur, kritische Distanz, Bewertung
Psychologie eines einzigartigen Individuums	Die Figur als Typus, als Stellvertreter für etwas Allgemeines
Bemühen um Realitätsnähe	Verdeutlichung des Schauspielcharakters

Verfremdung

Dieser Begriff von Verfremdung schließt dabei nicht die Art von Figurendarstellung ein, wie man sie z. B. in Horror- oder Science-Fiction-Filmen findet. Dort gehört es zu den Konventionen des Genres*, dass manche Charaktere anders agieren und andere Eigenschaften haben, als man es im alltäglichen Leben kennt. Würde sich in einem Werwolf-Film niemand in ein haariges Monster verwandeln, wäre der Zuschauer nur enttäuscht. Gemeint ist vielmehr die Art von Schauspieltechnik, die den Zuschauer aus seiner Passivität weckt, weil sie die Illusion des „Dabei-Seins" und ein ungestörtes Filmerlebnis nicht dauerhaft gestattet. Sie findet sich selten im Mainstreamkino, oft aber in Autorenfilmen (▶ Info Seite 13) wie *Pulp Fiction*. Hier reagieren die Figuren mit irritierender Coolness und banalen Bemerkungen auf eine allgegenwärtige Gewalt und verdeutlichen damit die Gewöhnung der Gesellschaft an Brutalität und Verbrechen. In Jim Jarmuschs Alternativ-Western

Dead Man erscheinen die Darsteller unwirklich und halluzinatorisch, ganz wie es der traumartig-düsteren Atmosphäre des Films entspricht. Zu den Darstellungstechniken, die Verfremdung bewirken können, gehört neben Übertreibung und Ironie vor allem die Durchbrechung der Fiktion, wenn etwa Schauspieler direkt in die Kamera blicken und das Publikum ansprechen wie in Joseph Loseys *Galileo* (der Filmversion eines Stücks von Bertolt Brecht) oder wenn der Unterschied zwischen Figur und Darsteller aufgehoben wird. Der zuletzt genannte Fall liegt etwa vor, wenn Cate Blanchett in *Coffee and Cigarettes* zugleich sich selbst und ihre Cousine Shelly spielt.

Grenzen der Einfühlung

Verfremdung ist auch ein geeignetes Mittel im Umgang mit bestimmten Rollen und Inhalten, die Einfühlung* fragwürdig erscheinen lassen. Ein heftig umstrittener Fall ist *Der freie Wille*. Darin spielt Jürgen Vogel mit äußerster Drastik und ohne die geringste Distanzierung einen Vergewaltiger, der darum kämpft, seinen verhängnisvollen Trieb unter Kontrolle zu bringen. In der Debatte um den Film ging es immer wieder um die Frage, ob es sich um die gelungene Erforschung einer kranken Psyche oder um fehlgeleitete Selbstdarstellung des Schauspielers handelt. Einen Extremfall stellt die Person Adolf Hitlers dar, die immer wieder als Filmfigur erscheint, deren moralische Beurteilung sich individueller Psychologie aber entzieht und in die sich einzufühlen eigentlich keinem Schauspieler zugemutet werden kann. Im Fall von Oliver Hirschbiegels Film *Der Untergang* entstand für die zahlreichen Kritiker jedoch der Eindruck, als sei dieser Versuch unternommen worden mit der unbeabsichtigten Folge, dass Hitler nun „menschlicher" wirkte. Bruno Ganz' vermeintlich authentische Darstellung Hitlers an seinen letzten Tagen im Bunker ist so beeindruckend, dass der kranke, gehetzte Führer nicht selten Mitleid beim Publikum erweckt. In anderen Filmen erlebt der Zuschauer deshalb einen verfremdeten Hitler, mit dem man sich intensiv auseinander setzen kann. So zielt die lautmalerische Persiflage seiner Reden in Charlie Chaplins Klassiker *Der große Diktator* auch nicht auf Einfühlung in den Tyrannen, sondern auf Entlarvung.

Die Figur Adolf Hitlers

Einfühlung und Empathie

Einfühlung ist hingegen der Normalfall im klassischen Film, in dem der kontinuierliche Fluss der Darstellung möglichst nie unterbrochen wird. Offensichtlich entspricht es einem menschlichen Bedürfnis, sich mit Charakteren zu identifizieren und mit ihnen Leid und Freude zu teilen. In der durch Rationalismus geprägten und anonymen Gesellschaft der Moderne ist das Kino für viele Menschen ein wichtiger Ort, an dem sie Empathie (Einfühlungsvermögen) erlernen, indem sie sich in erdachte Figuren hineinversetzen, ihre Empfindungen teilen und versuchen die Motive für ihre Handlungen zu verstehen. Gleichzeitig hat die Erfahrung, andere Menschen in Situationen zu erleben, die mit der eigenen teilweise oder ganz übereinstimmen, auf den Zuschauer oft eine befreiende Wirkung.

Info

Method Acting: Eine Konzeption des Schauspiels, die auf die Lehren des russischen Theaterregisseurs Konstantin Stanislawski (1863–1938) zurückgeht und eine systematische Einfühlung* in die Rolle trainiert. Ziel des Method Acting ist es, psychologisch wahre Emotionen zu erzeugen, indem Darsteller eigene Erfahrungen in sich wachrufen, die ähnliche Gefühle auslösen, wie sie die Figur durchlebt. Blockaden und Ängste, die dem im Weg stehen, sollen abgebaut werden.

Improvisation oder Kontrolle

Bei der glaubwürdigen Einfühlung in Rollen werden Techniken wie das Method Acting angewendet. Dabei weichen die Auffassungen darüber, welche Bedeutung die freie Improvisation haben sollte, stark voneinander ab. Dustin Hoffman soll sich jahrelang intensiv auf die Rolle eines Autisten in *Rain Man* vorbereitet haben, was auf einen Wunsch nach Kontrolle und Perfektion schließen lässt. In Filmen, die auf Direktheit der Bilder und Authentizität angelegt sind, wie *Das Fest* und *Halbe Treppe*, haben die Darsteller allerdings viele Freiheiten, spontan zu reagieren. Teilweise gibt es nicht einmal ein festes Drehbuch. Ein Regisseur wie John Cassavetes (*Ehemänner*), der in hohem Maß auf Improvisation setzte, arbeitete deshalb immer wieder mit denselben Darstellern, weil die Beteiligten sich kennen und vertrauen müssen, damit diese Art des Schauspiels funktioniert.

6.2 Non-verbale Kommunikation

Der Schlüssel zum Verständnis einer schauspielerischen Leistung, die Einfühlung bewirken will, sind die nicht-verbalen Elemente in der Kommunikation der Figur. Der Eindruck, den ein Mensch auf andere macht, hängt meistens wesentlich mehr von seiner Körpersprache ab als von dem, was er sagt. Den Worten sind überwiegend die inhaltlichen Botschaften vorbehalten; diese werden aber ständig von non-verbalen Signalen begleitet, die eher zum Ausdruck bringen, wie der Sprecher sich in der jeweiligen Situation fühlt und wie er seine Beziehung zum Gegenüber versteht. Diese Signale entscheiden gleichzeitig darüber, ob er im Interaktionspartner Sympathie, Abneigung, Angst auslöst. Das Bedeutsame an der non-verbalen Kommunikation ist dabei, dass sie im Gegensatz zur verbalen Kommunikation bei der Mehrzahl der Menschen unbewusst abläuft. Insbesondere Körperfunktionen wie Lidschlag oder Schweißbildung entziehen sich der Steuerung. Ohne dass wir es wollen oder auch nur merken, verrät so die Körpersprache die Wahrheit über uns.

Einfühlung und non-verbaler Ausdruck

Schauspieler müssen allerdings in der Lage sein, gezielt und bewusst nonverbal zu kommunizieren. Die Glaubwürdigkeit ihrer Einfühlung* in ihre Rollen bemisst sich an der Reichhaltigkeit und Angemessenheit der nonverbalen Ausdrucksformen, mit denen sie die Wörter des Drehbuchs ver-

binden. Sie müssen sich also den Menschen, die sie verkörpern, in Mimik, Tonfall, Augenausdruck usw. so weit wie möglich angleichen.
Von Interesse bei der Filmanalyse sind vor allem folgende Elemente der non-verbalen Kommunikation:

- Blick,
- Gesichtsausdruck,
- Körperhaltung,
- Distanz/Nähe,
- Stimme (Lautstärke, Klangfärbung, Intonation),
- Rollentypisches Verhalten (bei Mann und Frau).

Bedeutung des Kontextes

Jede körperliche Veränderung kann als Zeichen einer inneren Regung gelesen werden. Auch Dinge wie Kleidung, Frisuren oder Schmuck haben eine Bedeutung im Hinblick auf die Beziehungsebene in Gesprächen und werden deshalb im Film sorgfältig bedacht. (▸ vgl. Kap. 5.3, Seite 59 f.) Viele körpersprachliche Aktionen wie das Kopfnicken als Zeichen der Zustimmung sind im übrigen ritualisiert, weil sie sonst nicht verstanden werden könnten. Dies erleichtert die Analyse, weil der Filmzuschauer sich dabei auf seine eigenen Erfahrungen als Teilnehmer an Kommunikationssituationen verlassen kann. Die Schwierigkeit besteht andererseits darin, dass non-verbale Zeichen nur im Kontext richtig verstanden werden und außerdem oft mehrdeutig sind: Achselzucken kann unter Umständen auf Gleichgültigkeit hindeuten, in einer anderen Situation aber auch auf Ratlosigkeit. Tränen können Anzeichen für Traurigkeit, aber auch für Erleichterung oder Freude sein. Es kommt somit darauf an, im besonderen Zusammenhang zu erkennen, was die Körpersprache einer Figur vermittelt und wie differenziert der Ausdruck gelungen ist.

Mimik/Blick

Im Gegensatz zum Theaterschauspieler ist der Darsteller im Film oft nicht mit seinem gesamten Körper zu sehen, sondern je nach Einstellungsgröße* nur mit einzelnen Partien, vor allem dem Gesicht. Aus diesem Grund sind Mimik und Augen entscheidende schauspielerische Elemente im Kino. Der Blick ist zunächst entscheidend für die Beurteilung von Nähe und Distanz zwischen zwei Filmfiguren: Sehen sie sich beim Dialog an oder schauen sie aneinander vorbei? Wie intensiv und nachhaltig ist der Blick zum Gegenüber? Darüber hinaus sind die Augen als sprichwörtlicher „Spiegel der Seele" häufig das Erfolgsgeheimnis guter Filmschauspieler, die damit den Zuschauer in den Bann ziehen. Weil der Blick eine Fülle von Emotionen zum Ausdruck bringen kann, ist das Beschreibungsvokabular dafür besonders reichhaltig: So kann er wachsam, liebevoll, neugierig, bedeutungsvoll, beifallheischend, erloschen, starr, leer, stumpf, leuchtend, bohrend, hasserfüllt und vieles mehr sein.

Großaufnahmen von Gesichtern

Großaufnahmen von Gesichtern spielen im Film wegen der damit verbundenen Ausdrucksmöglichkeiten eine wichtige Rolle (▶ Abb. 12, Seite VI). Aber auch solche von Händen können eine Figur wie den Präsidentschaftskandidaten Jack Stanton (dargestellt von John Travolta) in *Mit aller Macht* entscheidend charakterisieren. Sein Erfolgsgeheimnis liegt in der Art, wie er mit seinen Händen kommuniziert. Münder in Detailaufnahmen hinterlassen meistens einen unbehaglichen Eindruck. Intimität wird hier auf die Spitze getrieben und kann in Ekel umschlagen, weil man einer (meistens als unsympathisch charakterisierten) Figur zu nahekommt. Ein solches Bild kann ein Hinweis auf Gier, Geschwätzigkeit oder eine andere unangenehme Eigenschaft sein.

6.3 Einschränkung der Einfühlung

Dem Prinzip der Einfühlung in Filmfiguren durch Schauspieler sind unter bestimmten Umständen Grenzen gesetzt:

… durch die Erfordernisse der Dramaturgie

Im klassischen Erzählfilm* schränken die mythischen Grundmuster mit ihren Aktionsbereichen (▶ vgl. Kap. 1, Seite 6) die Gestaltungsmöglichkeiten der Darsteller ein. Zwar macht sich die Qualität einer schauspielerischen Leistung auch daran fest, inwiefern sie dem „Helden", „Helfer" usw. individuelle Züge verleiht, die Funktion der Figuren für die Handlung hat aber im Allgemeinen Vorrang. Der Held muss bei aller psychologischen Einzigartigkeit immer ein Ziel haben und eine Entwicklung erfolgreich durchlaufen, einen Moment der Selbstoffenbarung erleben usw.
Die Freiheit bei der schauspielerischen Gestaltung ist besonders gering,

… wenn eine Filmfigur typisiert ist

Rollentypen und Genres

Dies ist vor allem in Filmen der Fall, die sich stark an Formeln eines Genres und damit an festen Rollentypen orientieren. Solche Figuren sind besonders festgelegt, ihre Entwicklung ist klar vorhersagbar, ihr Verhalten selten näher motiviert. Der Schauspieler muss hier vollkommen festen Erwartungen folgen. Beispiele für solche Rollentypen sind der nach Weltherrschaft strebende Superschurke (Goldfinger, Lord Voldemort), der „Sidekick" als ein treuer, oft komischer Helfer des Helden (Dr. Watson, Little John), der „ehrliche Dieb" (Robin Hood, Zorro usw.), das Aschenbrödel (die Hauptfiguren in *Pretty Woman* und *Sabrina*). Auch der „tragische Held" (z. B. das Monster in den Frankenstein-Filmen oder das Phantom in der Oper) ist ein „Stock Character". Er ist sympathisch trotz seiner Verbrechen, die er nur begeht, weil ihm Unrecht getan wurde oder weil er verunstaltet oder aus anderen Gründen aus der Gemeinschaft ausgeschlossen ist.

Besetzung

Aber nicht nur Drehbuch und Genre engen Darsteller bei der Einfühlung in Rollen ein; auch die Besetzung entscheidet schon über den Charakter einer Figur und muss bei der Analyse mitberücksichtigt werden. Dies trifft zu,

... wenn Rollen mit Schauspielern besetzt sind, die einen ausgeprägt individuellen Darstellungsstil haben

Axel Prahl ist zum Beispiel ein Schauspieler, der in zahlreichen Filmen (*Halbe Treppe,* als *Tatort*-Kommissar usw.) virtuos Verlierer mit proletarischem Touch spielt, die versuchen ihr Leben in den Griff zu bekommen. Genauso prägend ist die Besetzung,

... wenn Rollen von Filmstars gespielt werden

Image und Charakterdarstellung

Stars sind für das Marketing von herausragender Bedeutung; als „Marken" mit festem Image sollen sie das Studio gegen Risiken absichern. Zugleich sind sie als charismatisch wahrgenommene Persönlichkeiten und verkörpern kollektive Wünsche und Sehnsüchte des Publikums. Dabei sind sie häufig auf bestimmte Genres und Rollentypen, nicht selten auch auf stereotype Geschlechterrollen festgelegt. Ihr Image überlagert oft die Filmfigur. Sie können deshalb Charakterdarstellung meistens nur innerhalb bestimmter Grenzen leisten, um die an sie gestellten Erwartungen nicht zu enttäuschen. Marlene Dietrich war nach ersten Erfolgen auf die Rolle der kühlen Verführerin festgelegt, die männlich-herbe Züge mit weiblichen Reizen verband. Johnny Depp, einer der großen Stars der Gegenwart, spielt immer wieder lässige, oft etwas in sich versponnene oder melancholische Außenseiter. Tom Hanks gehört in die lange Reihe von Filmstars wie Henry Fonda und James Stewart, die einen anständigen und Vertrauen einflößenden Amerikaner verkörpern, in seinem Fall oft gepaart mit einer charmanten Trotteligkeit.

Besetzung „gegen den Strich"

Von besonderem Interesse können auch Fälle sein, in denen bekannte Schauspieler und Stars „gegen den Strich" besetzt sind, wie z. B. Julia Roberts in *Hautnah*. In diesem Film erlebt der Zuschauer den Urtyp der romantischen Liebhaberin, die selbst als Prostituierte in *Pretty Woman* noch unschuldig und rein wirkt: Und das in einem Psychodrama über zwei Männer und zwei Frauen, die in wechselnden Affären emotionslos und ohne Rücksicht ihren persönlichen Vorteil suchen. Beziehungen kommen zufällig zustande und geraten zum Machtkampf, ein Happy End ist nicht vorgesehen. Clint Eastwood hingegen ist ein Schauspieler, der sein eigenes Image über Jahrzehnte gewandelt hat und in seinen späteren Filmen (vor allem auch als Regisseur) selbst die Mythen* reflektiert, die er den siebziger und achtziger Jahren verkörperte, als er der wortkarge Held in Western und Kriminalfilmen war. Er wurde damals zur Kino-Ikone, für seine Kritiker aber auch zum Inbegriff einer amerikanischen Affinität zur Gewalt, die in Filmen wie *Dirty Harry* zum Selbstzweck zu werden schien. Spätere Filme wie *Mystic River* und *Million Dollar Baby* sind düstere Meditationen über Schuld und Sühne, in denen sich Eastwood (als Darsteller und Regisseur) mit den Auswirkungen der Gewalt befasst, auch die Milieus studiert, in denen sie ihren Ursprung haben. Das Altern des eigenen, vormals makellosen Körpers des Action-Helden stellt der Schauspieler Eastwood dabei ungeschönt aus. Die Analyse seiner neueren Filme gewinnt deshalb eine tiefere Dimension, wenn man sie vor dem Hintergrund seiner älteren Werke betrachtet.

Ikone: Die Bezeichnung für geweihte Heiligenbilder in der orthodoxen Kirche wird heute auch verwendet, um ein durch Medien geschaffenes und verstärktes Phänomen zu bezeichnen. Ikonen sind Gegenstände von herausragendem Bekanntheitsgrad, in denen die Identität einer modernen Zivilisation in konzentrierter Form zum Ausdruck kommt. Beispiele für Ikonen sind die Bilder der ersten Mondlandung und der brennenden Türme des World Trade Center, die sich tief in das gemeinschaftliche Bewusstsein der Menschen eingebrannt haben. Menschen, die zum Spiegel verbreiteter Werte und Verhaltensmuster werden, können Ikonen sein und zu kultischer Verehrung einladen. Lady Diana oder Che Guevara sind typische Beispiele dafür. Das Kino mit seinen Stars ist ein Ort, der in besonderem Maße Ikonen hervorbringt. Bei ihnen gehen private Biografie und filmisches Image eine enge Verbindung ein. Unglückliche Lebensumstände und ein früher Tod fördern in vielen Fällen die „Ikonisierung". Schauspieler wie James Dean, Marilyn Monroe und Romy Schneider sind so auch nach ihrem Ableben laufend noch populärer geworden.

6.4 Filmbeispiel: Brokeback Mountain

Brokeback Mountain (▶ Handlung s. Seite 63 f.) ist ein Film, dessen vier wichtigste Darsteller einem breiteren Publikum zuvor wenig bekannt waren. Heath Ledger (Ennis), Jake Gyllenhaal (Jack), Anne Hathaway (Alma) und Michelle Williams (Lureen) sind junge Schauspieler, für die Ang Lees Film den Durchbruch zu größerer Prominenz bedeutete. Die Erwartungen waren nicht durch ausgeprägte Images gesteuert, lediglich Gyllenhaal hatte sich durch verschiedene Filme wie *Jarhead* und *Donnie Darko* bereits einen Ruf als sensibler und verletzlicher junger Mann erworben. Dass der Film vor allem durch sein nuanciertes und psychologisch einfühlsames Schauspiel Erfolg hatte, beruht zum Teil auf dieser Unvoreingenommenheit, die auch durch das Drehbuch befördert wurde, welches die Darsteller relativ wenig durch vorgeprägte Muster einengte.

Komplexe Charaktere

Der Film verarbeitet Elemente von Western und Melodrama, aber die Figuren sind komplexere Individuen, als man sie aus den Prototypen dieser Genres kennt. Jack und Ennis ähneln den genretypischen Charakteren nur äußerlich. Sie haben sich das Männlichkeitsideal des Western zu eigen gemacht haben, ohne ihm wirklich zu entsprechen. Die Liebe zwischen Männern stellt ihr Selbstverständnis (vor allem bei Ennis) immer wieder in Frage, während sie gleichzeitig versuchen, es aufrechtzuerhalten. Sie geben sich den Anschein einfacher, normaler Männer, obwohl ihr Innenleben sie verwirrt. Dieses grundsätzliche Problem wird durch die Schauspielkunst von Ledger und Gyllenhaal vermittelt. Mit sparsamen Blicken und Gesten schaffen sie das Bild von Menschen, bei denen Wesen und Erscheinung nicht zueinander passen und die in dauerhaftem Konflikt mit sich selbst leben. (▶ Abb. 13, Seite VII) Der Film wird dadurch zu einer Studie in unterdrückter Sehnsucht und Leidenschaft. Auch Anne Hathaway und Michelle Williams müssen Vergleichbares leisten, denn sie stellen Frauen dar, welche die Haltung bewahren, während ihre Erwartungen an die Liebe und das Leben schwer enttäuscht werden.

Innere Widersprüche

Ledgers Ennis spricht wenig, vor allem nicht über Gefühle, was zunächst auch mit seinem Rollenverständnis als Mann und Cowboy zu tun hat. Wenn etwas nach außen dringt, dann nur durch versteckte Signale. Er befindet sich ständig auf dem Rückzug in sein Inneres, leidet still, versinkt in seiner Kleidung und unter seinem Hut und quetscht seine Sätze nur mühsam aus zusammengekniffenen Lippen heraus. Sein Blick wirkt oft verstohlen, und seine Körperhaltung bringt zum Ausdruck, dass er auf der Hut ist. Anspannung zeigt sich z. B. in der Art, wie er die Asche von seiner Zigarette schnippt. Doch immer wieder bahnt sich seine Frustration, seine unausgelebte Natur einen Weg nach außen, und die Verkrampfung löst sich in spontanen Gewaltausbrüchen. So wirkt auch die einzige Sexszene des Films gleichzeitig befreiend und roh. Das Geheimnis, das Ennis hütet, kostet ihn Kraft und zeigt sich in der zunehmenden Erstarrung seines Mienenspiels am Ende des Films.

Gyllenhaals Jack wiederum ist anfangs unbeschwert und ausgelassen, mit einem gewinnenden Charme. Er ist auch der aktivere der beiden vor der ersten Annäherung, seine Augen suchen heimlich den sich waschenden Ennis. Er findet sich nie mit dem scheinbar Unabwendbaren ab, aber auch sein Enthusiasmus gibt auf die Dauer nach, sein jungenhaftes Lächeln weicht einem traurigen Blick.

Wendepunkte

Dramaturgische Wendepunkte des Films sind mehrfach auch schauspielerische Höhepunkte. Als Ennis sich zum erstenmal von Jack getrennt hat und nicht weiß, ob er ihn jemals wiedersehen wird, sinkt er am Straßenrand in sich zusammen und zieht sich wie ein verwundetes Tier in einen Winkel zurück; die Annäherung eines Passanten weist er brüsk zurück. Der Schock spiegelt sich in Almas Gesicht, als sie später Jack und Ennis in heftiger Umarmung sieht und erkennt, dass ihre Ehe auf Illusionen beruht. Als Ennis schließlich in einem Telefongespräch mit Lureen von Jacks Tod erfährt, sieht der Zuschauer die beiden Menschen, die ihn liebten. Lureen, die am Anfang wie Jack voller Energie war, berichtet betont nüchtern, fast monoton. Aber man sieht ihr an, was es sie kostet, Selbstbeherrschung zu bewahren. Ihr Anblick zeigt, wie sehr sie über die Jahre versteinert ist. Jede Gefühlsregung

Die Frauen

verschwindet hinter einer aufwendigen Fassade aus Schmuck, Schminke, und Haarfestiger.

Fragen für einen ersten Zugang: Schauspiel

- Welche Auffälligkeiten finden sich im Verhalten der Schauspieler, und wie lassen sich diese erklären?
- Ermöglichen die Schauspieler es dem Publikum, sich mit den Figuren zu identifizieren, oder erzeugen sie Distanz zwischen Zuschauer und Figuren? Wodurch tun sie dies?
- Wenn das Ziel Verfremdung ist: Wofür stehen die Figuren? Welche allgemeinen Haltungen und Probleme verkörpern sie?
- Welche Gründe kann es dafür geben, dass dem Prinzip der Verfremdung der Vorzug gegeben wurde?
- Wie kommunizieren die Figuren miteinander, insbesondere auf nonverbaler Ebene?
- Welche Bedeutung haben Blick und Blickkontakt in der Kommunikation?
- Inwiefern charakterisiert ihr Kommunikationsverhalten die Figuren und ihre Beziehung zueinander?
- Gibt es dramaturgische Gründe, die die Freiheit der Figurendarstellung einschränken (z.B. Erzählkonventionen, Genremuster, Typisierung von Figuren)?
- Falls Schauspieler beteiligt sind, die einen prägnanten Darstellungsstil haben: Wie lässt sich dieser Stil beschreiben, und inwiefern prägt er die Figurendarstellung im vorliegenden Film?
- Welches Image hat ein eventuell beteiligter Star, und welchen Einfluss nimmt das Image auf die Figurendarstellung des Films?

Aktivität 1

Wählen Sie einen Roman aus, der Ihnen für eine Verfilmung geeignet erscheint.

- Nehmen Sie ein Casting vor, indem Sie Schauspieler für die Besetzung der wichtigsten Rollen auswählen.
- Begründen Sie Ihre Wahl, indem Sie die äußere Erscheinung und den Darstellungsstil der Schauspieler genau beschreiben.

Aktivität 2

Auch gute schauspielerische Leistungen werden häufig nur mit allgemeinen Begriffen wie „großartig" oder „glaubwürdig" beschrieben. Worin die Glaubwürdigkeit besteht, wird nur intuitiv erfasst. Versuchen Sie hier, zu genaueren Urteilen am Beispiel einer Filmszene, in der zwei Schauspieler interagieren und die Sie beeindruckt hat, zu kommen.

- Charakterisieren Sie die Figuren und ihre Beziehung in der Szene.
- Beschreiben Sie die non-verbalen Elemente der Kommunikation in möglichst vielen Einzelheiten und deuten Sie diese im Kontext der Szene.

Aktivität 3

Sammeln Sie Informationen über einen Filmstar der Vergangenheit (z. B. Greta Garbo, Clark Gable, John Wayne, Hans Albers) und sehen Sie sich mehrere Filme an, in denen sie bzw. er auftritt.

- Beschreiben Sie das Image des Stars.
- Worin besteht seine bzw. ihre besondere Ausstrahlung?
- Welche Werte und Wünsche verkörpert der Star?
- Stellen Sie fest, wie das Image und die Ausstrahlung die Darstellung konkreter Rollen und die Wirkung ganzer Filme beeinflusst haben.

Untersuchen Sie anschließend einen Filmstar der Gegenwart in der gleichen Weise, und überlegen Sie, wie sich Filmstars von heute von denen früherer Zeiträume unterscheiden.

7 Ton

Verbindende Funktion

Der Film ist ein audiovisuelles Medium, er kommuniziert mit einer Kombination sichtbarer und hörbarer Zeichen. Dies war sogar schon vor der Erfindung des Tonfilms der Fall, denn ursprünglich wurden die stummen Leinwandbilder von Musikern im Kinosaal akustisch untermalt. Der Ton ist ein Aspekt des Films, der oft nicht bewusst wahrgenommen wird. Dies liegt zum Teil daran, dass in Filmen, die nach den Gesetzen des Continuity Systems* hergestellt werden, der Ton ähnlich wie der Schnitt unauffällig bleiben soll (außer in bestimmten Genres wie dem Musikfilm). Seine grundlegende Funktion besteht zunächst darin, die einzelnen Einstellungen einer Szene miteinander zu verbinden, indem Geräusche, Klänge und Sprache über eine Reihe von Schnitten hinweg einheitlich bleiben. Wenn im Film also z. B. von einer Straßenansicht in ein Schaufenster oder ein Gesicht hinübergeschnitten wird, hört der Zuschauer weiterhin den gleichen Verkehrslärm und verliert nicht die Orientierung im Raum.
Darüber hinaus ist der Ton ein bedeutungstragendes Element in der filmischen Erzählung, dessen Wirkung nicht zu unterschätzen ist. Zur Tonspur gehören im Wesentlichen drei Bereiche:

- Sprache,
- Geräusche,
- Musik.

Diegese und Extradiegese

Beim Ton eines Films ist zunächst die Frage wichtig, aus welcher Quelle er stammt. Dabei ist die Unterscheidung zwischen Diegese* und Extradiegese* nützlich. Die Bestandteile des Tons, die innerhalb der erzählten Wirklichkeit erzeugt werden, sind diegetisch, solche, die außerhalb davon auf der Ebene der erzählenden Instanz* existieren, sind extradiegetisch. Der zweite Fall trifft auf jede Art von Filmmusik zu, die nicht von Musikern innerhalb der Handlung erzeugt wird, und im Bereich der Sprache auf Erzählstimmen (Voice-Over*), welche über die Handlung gelegt sind. Radios, Musikboxen oder Schallplatten, die innerhalb der Handlung in Betrieb gesetzt werden, stellen Grenzfälle dar, insbesondere wenn ihre Klänge nur zur Untermalung einer Szene dienen. Dialoge und Geräusche werden zwar häufig erst nachbereitet, weil die technischen Möglichkeiten am Set nicht gut genug sind, um sie aufzunehmen. Es wird aber im Rahmen der Wirklichkeitsillusion meistens so getan, als handele es sich um Originalton. Die Unterscheidung zwischen diegetischem und extradiegetischem Ton ist wichtig, weil sie Aufschlüsse über den Charakter des Erzählers zulässt und über die Vorstellung von Wirklichkeit, die einem Film zugrunde liegt. Je höher der Anteil von extradiegetischem Ton ist, desto stärker tritt der Erzähler hervor und desto mehr wird das Publikum gelenkt. Werden nur Töne aus der Sphäre der Figuren zugelassen, liegt ein deutliches Signal für Authentizität vor. Es findet sich vor allem in Filmen, die einen kompromisslosen Realismus anstreben. Fehlt Musik in einem solchen Film (z. B. *Das Fest*) über längere Zeit völlig, weil sich innerhalb der Handlung kein Anlass für sie bietet, fühlt sich der Zuschauer leicht irritiert. Stille aktiviert ihn eher und erschwert das Versinken in der Wirklichkeitsillusion. Diegetischer Ton schafft im Übrigen durch Laut-Leise-Relationen und andere physikalische Eigenschaften den Eindruck von räumlicher Tiefe; er verbindet den Raum, der im Bildkader zu sehen ist, mit der nicht-sichtbaren Umgebung.

An verschiedenen Ausprägungen des Tanzfilm-Genres lassen sich noch einmal die Unterschiede zwischen diegetischem und nicht-diegetischem Ton erläutern: Viele Filme bevorzugen Musikeinlagen, die innerhalb des Universums der Figuren produziert werden. In *Saturday Night Fever* oder in *Dirty Dancing* tanzen die Figuren in der Diskothek oder sie legen selbst Schallplatten auf. Der Realitätseffekt* ist hier viel größer als z. B. in *Tango-Fieber*, einem Film, in dem mehrmals auf der Straße oder unter Brücken unvermittelt Musik erklingt und dazu wie selbstverständlich getanzt wird. Die Charaktere und der Zuschauer versinken so in „Time Bubbles", in denen die Gesetze der herkömmlichen Realität außer Kraft gesetzt sind.

Genre und Musik

In vielen Genres ist die Verwendung von Geräuschen und Musik, auch von bestimmten Instrumenten in starkem Maße konventionalisiert. So steigern sie im Kriminalfilm die Spannung, schrille Saxofone sind hier eine Möglichkeit, um dramatische Momente zu kennzeichnen. Im Horrorfilm verkünden Käuzchenrufe Unheil; das Flattern von Vorhängen im Wind und die sprichwörtlich knarrenden Türen vermehren das Gefühl latenter Bedrohung. Das Grauen wird musikalisch oft durch Atonalität oder Dissonanzen vermittelt oder indem Instrumente Unheil verkündende Geräusche nachahmen. Viele Science-Fiction-Filme verwenden „Soundscapes" auf der Basis elektronischer Musik, während die Herkunft des Melodramas aus der Oper noch in den emotional aufgeladenen orchestralen Arrangements zu erkennen ist.

Soundtrack

Als „Soundtrack" sind Teile des Tons bei Mainstreamfilmen heutzutage Bestandteile einer multimedialen Verwertungskette, zu der auch Computerspiele, Musikvideos, Romanadaptionen usw. gehören. Gewöhnlich handelt es sich dabei um Anthologien von Songs, die selten eigens für den Film geschrieben und eingespielt wurden und die nur vage in Zusammenhang mit der Erzählung stehen. Durchschnittliche Soundtracks demonstrieren, wie kommerzielle Interessen des Studios die Erzählerebene überlagern. Dieses Verfahren ist auch deshalb problematisch, weil schon ein Musikstück von der Länge eines Rock-Songs kaum in den Erzählfluss eines herkömmlichen Films einzupassen ist, vor allem dann, wenn Einstellungen und Szenen schnell aufeinander folgen. Deshalb erlebt man es immer wieder, dass ein Film nur Fragmente von Liedern enthält. Ausnahmen bilden standardisierte Situationen wie Szenen in Bars oder mit Autofahrten im Road Movie. In einigen Autorenfilmen (▶ Info Seite 13) kommt die Erzählweise hingegen dem langsameren Duktus der Musik entgegen. So können sich in Jim Jarmuschs *Dead Man* die elektrischen Improvisationen Neil Youngs über längere Zeiträume entfalten.

Kontinuitätsbrüche

Von besonderem Interesse für die Filmanalyse sind Kontinuitätsbrüche beim Ton, wenn dieser also nicht vollständig im Einklang mit den Bildern steht. Ein krasser Fall liegt in dem Film *5x2* vor, der den Niedergang einer Ehe aufgrund von Untreue und Lieblosigkeit schildert; als Begleitung zu diesen Vorgängen sind mehrfach sentimentale italienische Schlager gewählt. Man spricht in solchen Fällen von kontrapunktischem Ton*, auch wenn z. B. einem spannenden Inhalt eine Musik unterlegt ist, die beruhigend wirkt. Mitunter stehen auch Sprache und Bild im Widerspruch wie in *William Shakespeares Romeo + Julia*. In diesem Film sprechen die Figuren Verse, bewegen sich aber in modernen Sets, das Verona Shakespeares ist als Hochhaus-Metropole inszeniert. In solchen Fällen wird die Wirklichkeitsillusion vom Erzähler gestört, und der Zuschauer ist gefordert, über Gründe für die Diskrepanzen nachzudenken.

7.1 Sprache

Dialoge

Gesprochene Sprache kann im Film in Form von Dialogen, „Voice-over-Stimmen" (▶ vgl. Kap. 2.3, Seite 23 f.), Liedtexten und gelegentlich von hörbar gemachten Gedanken vorkommen. Ein Beispiel für den zuletzt genannten Fall findet sich in *About Schmidt*, als der Protagonist an sein afrikanisches Patenkind schreibt und Schmidts Stimme aus dem Off verkündet, was ihm aus der Feder fließt. Am wichtigsten bleiben aber die Dialoge, obwohl sich Drehbuchautoren beim klassischen Erzählkino* in erster Linie auf einen schlüssigen Handlungsaufbau konzentrieren. Dialoge werden zuletzt geschrieben. Ansonsten gilt beim Film der Grundsatz, dass möglichst viel visuell zum Ausdruck gebracht werden soll. Einige Klassiker der Filmgeschichte wie *Der eiskalte Engel*, *2001: Odyssee im Weltraum* und *Alien* zeichnen sich durch sehr spärlichen Dialog aus. Dennoch erfüllt die Wechselrede zwischen zwei oder mehr Figuren unverzichtbare Aufgaben für die filmische Erzählung. Dialoge

- informieren den Zuschauer über Zusammenhänge, die für das Verständnis der Handlung notwendig sind,
- erlauben Schlüsse über die Eigenschaften der Figuren,
- ermöglichen Einblicke in die Beziehungen zwischen den Figuren,
- treiben die Handlung voran.

Gesprächsanalyse

Bei der Analyse ist zu berücksichtigen, dass der Drehbuchtext nur einen Teil der Kommunikation abbildet. Anders als beim Theater werden die schriftlich vorliegenden Dialoge normalerweise auch nur einmal inszeniert und dabei am Set oft noch verändert. Die Analyse von Filmdialogen ist deshalb nur als Gesprächsanalyse sinnvoll und muss die Einbettung der Kommunikation in die jeweilige Situation berücksichtigen, zu deren Beurteilung die verschiedensten Elemente des Films beitragen können wie z. B. das Produktionsdesign*. Wesentliche Informationen zum Beziehungsaspekt in einem Gespräch erschließen sich auch aus dem non-verbalen Verhalten (Mimik, Gestik usw.), so dass die Ebene des Schauspiels mit herangezogen werden muss. (▶ vgl. Kap. 6.1, Seite 68 ff.)

Abweichung vom Sprachgebrauch

Die Aufmerksamkeit wird vermehrt auf den Dialog gelenkt, wenn die Sprache darin vom herkömmlichen Gebrauch abweicht, wenn also z. B. Slang, Dialekt oder ein stilisierter Wortschatz verwendet werden. Es gibt Filme, in denen die Sprache als Gestaltungselement in den Vordergrund tritt oder sogar zum zentralen Thema wird. In den „Talk"-Filmen von Jim Jarmusch (*Coffee and Cigarettes*, *Night on Earth*) geht es in erster Linie um Kommunikation. Andere Filme (*Tin Men*, *Pulp Fiction*, *Fargo*) entblößen die Oberflächlichkeit der modernen Gesellschaft, indem sie ihre Figuren auch in ernsten Situationen belanglos schwatzen lassen. Ironie und Sarkasmus können in Komödien wie denen von Woody Allen eine entlarvende Funktion haben. Einige Genres haben wiederum eigene Sprachkonventionen entwickelt. Im Film Noir (▶ Info Seite 24) sollten die Erwiderungen bissig und trocken sein, die Helden im traditionellen Western sind lakonisch, sprechen also knapp und schmucklos nur das absolut Erforderliche.

7.2 Geräusche und Soundeffekte

Atmosphäre

Geräusche verstärken zunächst den Wirklichkeitseindruck und die Atmosphäre, die durch die Bilder hervorgerufen werden. Eine Szene, die zwar Dialog, aber keinen akustischen Hintergrund enthält, wirkt auf den Zuschauer unnatürlich. Die Geräusche lassen sich auch zu einer „Atmo" verdichten, die einer Szene ihr Gepräge geben kann. Viele Atmos sind typisiert und dem Zuschauer aus langer Erfahrung vertraut. Die Lobby eines großen Hotels erkennt man sofort an dem wiederholten „Ping", wenn sich die Fahrstuhltür öffnet, am Stimmengewirr und an den von draußen gedämpft hereindringenden Verkehrsgeräuschen. Ein klingelndes Telefon, der Ruf des Portiers sind stereotype Signale für eine neue Wendung in der Handlung.

Geräusche und ihre Bedeutung

Die Ebene der Geräusche kann aber auch zu einem individuell gestalteten filmischen Mittel werden, das indirekt Kommentare des Erzählers transportiert. Dies trifft auf längere Passagen des Thrillers *Sieben* zu, der ein düsteres Bild einer Gesellschaft im moralischen Verfall zeichnet. Aus dem Hintergrund drängt sich unmerklich eine Schicht von Tönen aus U-Bahn-Rattern, Autohupen, Regen, Stimmen usw. ins Bewusstsein, in der das Großstadtleben zu einem Rauschen konzentriert ist, das den Zuschauer dauerhaft verstört und unter Anspannung setzt. Das Böse, das von der Welt Besitz ergriffen hat, überlagert in diesem Ton alle Bemühungen der Detektive, seiner Herr zu werden. Alfred Hitchcock verzichtete in einigen Filmen weitgehend oder völlig auf Musik und vertraute auf Geräusche, um bestimmte Wirkungen zu erzielen. Das Flügelschlagen und die Schreie der Tiere in *Die Vögel* (die allerdings vollkommen elektronisch erzeugt wurden) intensivieren die Furcht der Figuren in der ihnen fremd gewordenen Umgebung, insbesondere in den Einstellungen, in denen die Vögel gar nicht im Bild zu sehen, sondern nur akustisch wahrzunehmen sind.

7.3 Musik

Musik als Klammer

Musik trägt oft dazu bei, dass ein Film in seiner Gesamtheit als zusammenhängend empfunden wird. Sie bildet ebenso eine Klammer wie das visuelle Konzept (der „Look"*), auch im wörtlichen Sinn, denn sie dominiert oft Vor- und Abspann. Insgesamt definiert der Stil der Musik so den Charakter eines Films mit. In *Austin Powers – Das Schärfste, was Ihre Majestät zu bieten hat* ist die Musik „groovy" – sie beschwört die Stimmung der „Swinging Sixties" und alter Agentenfilme liebevoll herauf und parodiert sie zugleich. In *Die fabelhafte Welt der Amélie* ist sie verspielt wie der Film mit seinen vielen Seitenhandlungen und Einfällen. Die Musik vermittelt Pariser Flair (durch das immer wieder erklingende Akkordeon); vor allem aber wird ein etwas altmodischer, nostalgischer Eindruck angestrebt, der zu dem ironischen Spiel mit dem Kitsch passt, das der Film betreibt. Für *Brokeback Mountain* fiel die Wahl auf Country-Musik, nicht nur weil sie charakteristisch für den amerikanischen Westen ist, sondern auch wegen ihrer Nähe zum Melodrama. Die von Gustavo Santaollala eigens für den Film komponierten instrumentalen Passagen wurden mit den country-typischen Instrumenten (Steel Guitar, akustische Gitarre) und mit Streichern eingespielt. Die Songs werden von Interpreten gesungen, die dem Alternative- oder Outlaw-Country zugerechnet werden (Emmylou Harris, Steve Earle, Willie Nelson), auch der schwule Songwriter Rufus Wainwright ist auf dem Soundtrack vertreten. Damit beweist der Film seine Verbundenheit mit der Landschaft, in der er spielt, engagiert sich aber auch in musikalischer Hinsicht für Toleranz und gegen die Engstirnigkeit des ländlichen Mainstream*.

Die Musik erfüllt auf diese Weise über die Herstellung von Kontinuität hinaus eine Reihe von Funktionen. Sie

- illustriert den Fortgang der Handlung,
- charakterisiert die Figuren und ihre Gefühle,
- charakterisiert den historischen, geografischen oder kulturellen Hintergrund, vor dem die Handlung spielt und
- verleiht dem Ort der Handlung seine Atmosphäre.

(weiter nach dem Abbildungsteil)

Abb. 1: *Alles auf Zucker* – Marlene und Jaeckie müssen koscher leben, wenn sie erben wollen. Aber wie geht das überhaupt?
(Henry Hübchen, Hannelore Elsner)

Abb. 2: *Lost in Translation* – Bob und Charlotte, zwei einsame Seelen haben sich gefunden.
(Bill Murray, Scarlett Johansson)

Abb. 3: *Million Dollar Baby* – Scraps blickt auf Frankie, der den Schatten der Schuld über sich spürt.
(Clint Eastwood, Morgan Freeman)

Abb. 4: *Die fabelhafte Welt der Amélie* – Ein Kaninchen auf dem Dach ist für Amélie normal

Abb. 5: *Die fabelhafte Welt der Amélie* – In der Geisterbahn (Audrey Tautou)

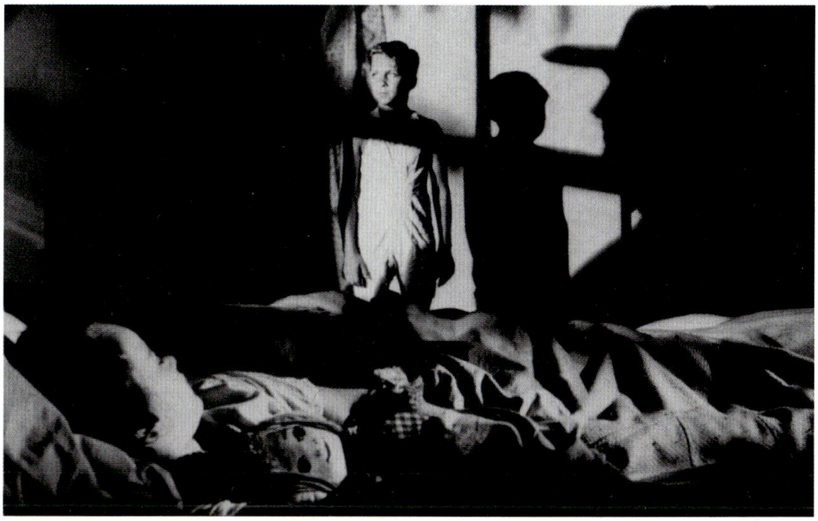

Abb. 6: *Die Nacht des Jägers* – Low-Key-Beleuchtung im Film Noir (Sally Jane Bruce, Billy Chapin)

Abb. 7: *Whale Rider* – Unterricht als Erleuchtung (Szene mit Rawiri Paratene)

Abb. 8: *Whale Rider* – Der Rettungsversuch am Strand

Abb. 9: *Caché* – Schlechte Nachrichten für Georges und Anne
(Daniel Auteuil, Juliette Binoche)

Abb. 10: *Halbe Treppe* – Uwe und Ellen sind ratlos.
(Steffi Kühnert, Axel Prahl)

Abb. 11: *Brokeback Mountain* – In den Bergen sind Jack und Ennis frei.
(Jake Gyllenhaal, Heath Ledger)

Abb. 12: *Whale Rider* – Pais Blick
(Keisha Castle-Hughes)

Abb. 13: *Brokeback Mountain* – Ennis als wenig enthusiastischer Bräutigam (Heath Ledger, Michelle Williams)

Abb. 14: *Die Truman Show* – Der Himmel über Seahaven ist nur aus Glas. (Jim Carrey)

Abb. 15: *Tarantula* – Riskante Experimente
(Leo G. Carroll)

Abb. 16: *Batman Begins* – Voller Tatkraft gegen Gothams Unterwelt
(Christian Bale)

Abb. 17: *Brokeback Mountain* – ein Western-Melodrama (Plakat mit Heath Ledger und Jake Gyllenhaal)

Abb. 18: *Caché* – Der Alltag wird zur Zerreißprobe für Georges. (Daniel Auteuil [mi], Juliette Binoche [re.])

Abb. 19: *Matrix* – Schwerkraft ist kein Problem.
(Keanu Reeves, Hugo Weaving)

Abb. 20: *Matrix Reloaded* – Asiatische Kampfkunst gegen Matrix
(Keanu Reeves [li.])

Abb. 21: *Matrix Revolutions* – Künstliche Intelligenz
(Hugo Weaving)

Abb. 22: *Matrix Revolutions* – Der Auserwählte im Einsatz
(Hugo Weaving, Keanu Reeves)

Abb. 23: *L. A. Crash* – Einer von vielen Zusammenstößen (Terrence Dashon Howard, Chris „Ludacris" Bridges)

Abb. 24: *Das Fest* – Thomas stiftet Unruhe (Szene mit Thomas Bo Larsen [mi.])

Eine nützliche Unterscheidung ist die zwischen Mood- und Leitmotivtechnik. Die Mood-Technik* ist für das Atmosphärische zuständig und dafür, die Stimmungen und Emotionen von Figuren zum Ausdruck zu bringen. Diese Bestandteile der Filmmusik lehnen sich stark an die jeweils im Bild zu sehende Situation an und vollziehen Veränderungen im Inneren der Personen nach. Dabei gibt es Konventionen für die Darstellung von Gefühlen, die in den verschiedensten Filmen immer wieder zum Tragen kommen. Ein paar Trompetenstöße rufen den Eindruck von Freude oder Triumph hervor, eine tief gestimmte Flöte klingt geheimnisvoll usw.

Mood-Technik

Konventionen

Die Leitmotiv*-Technik beruht hingegen auf der Wiederholung bestimmter Klangfolgen im Verlauf der Handlung. Sie lenkt die Aufmerksamkeit des Lesers auf bestimmte Eigenschaften von Personen, macht auf Wendepunkte aufmerksam und stellt Sinnzusammenhänge her. Ein Beispiel für den wirkungsvollen Einsatz eines Songs als Leitmotiv findet man in Roman Polanskis *Frantic*. Darin werden immer wieder Passagen aus „I've Seen That Face Before/Libertango" von Grace Jones gespielt. Dieses Lied erweist sich als äußerst vielschichtig in seiner Verwendbarkeit. Zunächst ruft es laufend die Situation des Protagonisten Richard Walker ins Bewusstsein, der als Fremder („Strange...") in Paris verzweifelt und unter Lebensgefahr die Entführer seiner Frau jagt. Der Gesang macht die Melancholie spürbar, die er wegen seiner Einsamkeit und wegen des drohenden Verlustes empfindet. Dabei ist der Song *Dancefloor* geeignet und bildet den hypnotischen Hintergrund für eine Nachtclub-Szene in dem Film, in welcher sich die Spannung einem Höhepunkt nähert. Der Rhythmus spiegelt dabei wider, dass Walker ein Getriebener ist, dem die Zeit unweigerlich verrinnt. Schließlich bringt das Lied mit seiner Instrumentierung und dem zum Teil französisch gesungenen Text Lokalkolorit in den Film.

Leitmotiv-Technik

7.4 Filmbeispiel: Die Truman Show

Peter Weirs Film *Die Truman Show* erzählt die Geschichte von Truman Burbank, der erst im Alter von dreißig Jahren herausfindet, dass er bei seiner Geburt von einer Fernsehgesellschaft adoptiert wurde und dass seither sein Leben rund um die Uhr gefilmt und als höchst profitable Live-Reality-Show in die ganze Welt übertragen wird. (▶ Abb. 14, Seite VII) Sein Wohnort Seahaven ist nur ein riesiges Studio unter einer Glaskuppel. Seine Ehefrau und alle anderen Menschen in seiner Umgebung sind Schauspieler, die zunehmend vergeblich versuchen, die Wahrheit vor ihm zu verbergen.

Die Grundlage der Filmmusik bilden Kompositionen von Burkhard Dallwitz und Philip Glass, die sich in Instrumentierung und Stil ergänzen. Dallwitz ist eher für die größeren Arrangements zuständig, in denen häufig der Synthesizer präsent ist, den aber auch Glass gerne verwendet. Glass ist ein prominenter Vertreter des Minimalismus, einer Stilrichtung, die sich durch

Minimalismus als Stil

geringe harmonische Komplexität auszeichnet. Sie ist von elektronischer Musik beeinflusst und beruht auf der Wiederholung einfacher, sich überlagernder klanglicher Grundmuster (Patterns), die sich im Kreis zu bewegen scheinen und nur langsam variiert werden. So passt dieser „Sound" zu Trumans Welt, in der sich nichts ändert und der er nicht entkommen soll. Die psychedelische, traumartige Klangqualität dieser Musik, mitunter auch ein pulsierender Rhythmus oder Percussion-Elemente verändern aber auch die Atmosphäre in dem nur scheinbar idyllischen Seahaven entscheidend. Sie deuten auf eine unruhige Unterströmung hin, auf Bewusstseinsprozesse in der Hauptfigur, die allmählich begreift, dass hinter den Bildern des blitzsauberen, künstlichen Paradieses mit seiner perfekt geregelten Ordnung ein Geheimnis verborgen ist. Seahaven ist eine verkehrte Welt, deren Kulissen einen Kontrollapparat verhüllen, der sich gegen seinen Bewohner Truman verschworen hat. Die einzelnen Stücke bringen zugleich Trumans jeweilige Stimmung zum Ausdruck. In ihrer Abfolge vollziehen sie seine Veränderung nach, worauf schon die Titel auf dem Soundtrack verweisen („Do Something!", „Truman Sets Sail", „A New Life").

Bewusstseinsprozesse

Stilwechsel

Ein deutlicher Stilwechsel tritt in der Szene ein, in der Truman kurze Momente des Glücks mit seiner großen Liebe Sylvia erlebt (die daraufhin umgehend von den Produzenten aus der Serie entfernt wird). Für mehr als fünf Minuten erklingt der Satz „Romanze – Larghetto" aus Frederic Chopins Klavierkonzert Nr. 1 in e-Moll, gespielt von Arthur Rubinstein, und spiegelt die Hoffnung auf ein unentfremdetes, harmonisches Dasein wider. In der unmittelbar voraufgehenden Szene hatte Truman aber schon zu dem T-Rex-Song „Twentieth Century Boy" getanzt, dessen Refrainzeile „Twentieth century toy" ein klarer Hinweis auf seine marionettenhafte Existenz ist.

Das Piano in der Sylvia-Szene wäre auch in einem Hollywood-Melodrama keine überraschende Wahl gewesen. Es ist im Prinzip die Musik, die auch Cristof, der Produzent der Show, ausgewählt hätte. Die Musik stützt hier die herausragende Strategie in *Die Truman Show*, die darin besteht, den realen Betrachter des Films über weite Strecken selbst zum Betrachter der Fernsehserie zu machen, z. B. am Anfang, als der Vorspann einer Soap im „Dallas"-Stil mit der entsprechenden Orchesterbegleitung vorüberzieht. Die Musik lässt den Zuschauer zeitweise sogar mit den fiktiven Menschen in dem Film verschmelzen, die mehrfach dabei zu sehen sind, wie sie gebannt vor ihren Bildschirmen verharren. Ob das Chopin-Konzert extradiegetisch ist und zur Ebene des fiktiven Erzählers gehört, oder ob sie diegetisch ist und von Cristof angefordert wurde, ist kaum zu entscheiden.

Musik beim unzuverlässigen Erzählen

So sind in *Die Truman Show* Wahrheit und Illusion zeitweise untrennbar verwoben. Diese Form des unzuverlässigen Erzählens (▸ vgl. Kap. 9.2.1, Seite 102) steigert die Wirkung des Films und zwingt den Zuschauer zur Auseinandersetzung mit seiner eigenen Verantwortung als Mediennutzer.

Allerdings wird Zuverlässigkeit im Laufe der Zeit wiederhergestellt. In der „Reunion"-Szene mit Trumans Vater wird der reale Zuschauer vom Zuschauer im Film wieder abgekoppelt, als er im Unterschied zu diesem erleben kann, wie Cristof die kitschige Begleitmusik selbst einspielen lässt.

Fragen für einen ersten Zugang: Ton

- Welche Bestandteile des Tons sind diegetisch und welche extradiegetisch?
- Folgt der Ton durchgängig dem Bild oder gibt es Widersprüche zwischen den beiden Ebenen?
- Wird viel oder wenig gesprochen? Welche Sprachvarianten werden verwendet (Standardsprache, Dialekt, Jugendsprache usw.)?
- Welches Gewicht haben Dialoge und eventuell vorhandene „Voice-over-Stimmen" im Vergleich zur visuellen Ebene?
- Gibt es bei der Musik einen vorherrschenden Stil?
- Bei Genrefilmen: Welche Elemente der Tonspur entsprechen den Konventionen des Genres? Welche stellen einen Verstoß gegen das Genremuster dar?
- Wie wirken sich Geräusche und Musik auf die Atmosphäre des Films aus?
- Auf welche Weise charakterisieren Geräusche und Musik den Ort der Handlung?
- Gibt es musikalische Leitmotive? In welchen Zusammenhängen treten sie auf?
- Auf welche Weise verändert sich die Musik im Verlauf der Handlung?
- Welche Gefühle werden durch Musik und Geräusche hervorgerufen?
- Wie erzeugen Musik und Geräusche Spannung?

Aktivität

Sehen Sie sich eine Sequenz vom Anfang eines Films, den Sie noch nicht kennen, an. Drehen Sie dabei aber den Ton ab. Sichern Sie das Verständnis des Inhalts nach Möglichkeit, indem Sie Untertitel von der DVD einspielen. Überlegen Sie sich ein Konzept für den Ton und wählen Sie dementsprechend Elemente aus, mit denen Sie die einzelnen Szenen unterlegen:

- Wenn es extradiegetische Musik geben soll: Welcher Stil eignet sich?
- Wenn bereits existierende Musikstücke Verwendung finden sollen: Um welche handelt es sich?
- Welchen Bezug zu Handlung und Aussage des Films hat der Text von Liedern, die verwendet werden sollen?
- Aus welchen Tönen und Geräuschen kann eine Atmo zusammengesetzt sein, die zu den jeweiligen Szenen passt? Sind besondere Geräuscheffekte vorgesehen?

Sehen Sie sich anschließend die Sequenz mit Ton an, und vergleichen Sie Ihre Lösungen mit denen des Films.

8 Genre

Filmrezeption

Wissen über den Film ist bei den meisten Menschen vor allem in Form von Genrekenntnis vorhanden. Der durchschnittliche Zuschauer hat kaum ein Bewusstsein für Einzelheiten der Montage oder der Kameraführung, kann aber ein Roadmovie oder eine Horrorkomödie identifizieren. Fernsehzeitschriften und Kinoprogramme verwenden Genrebezeichnungen wie „Biopic" und „Melodrama" zur Etikettierung von Filmen und setzen voraus, dass jedermann versteht, wovon die Rede ist. Genres steuern die Erwartungen, die man an das Kino hat, an ihnen werden persönliche Vorlieben und Abneigungen festgemacht. So lassen sich die Gefühle, die ein Film auslösen wird, mit Hilfe seines Genres recht genau vorhersagen: Komödien machen vergnügt, Horrorfilme erzeugen Angst und Schaudern, Melodramen rühren uns zu Tränen, Actionfilme versetzen in aggressive Spannung. Deshalb taucht in Alltagsgesprächen über Filme schnell die Frage nach dem Genre auf. Oft wird dabei ein neuer Film an bereits bekannten und eventuell für vorbildlich gehaltenen Exemplaren desselben Genres (sogenannten Prototypen) gemessen, oder man grenzt ihn aufgrund bestimmter Eigenschaften von anderen Genres ab. Anspruchsvollere Filmfans suchen auch schon nach dem Subtext*, den es als eigentliche Bedeutungsebene in jedem Genrefilm gibt (Beispiel: An der Oberfläche geht es im Vampirfilm um blutsaugende Wesen der Nacht, in Wirklichkeit aber um unterdrückte Sexualität). Auf diese Weise erhält der Zuschauer einen ersten Zugang zum Verständnis eines Films und erleichtert sich zugleich die Orientierung in der unüberschaubaren Fülle des Filmangebots. Genres sind also für die Rezeption von Filmen ein wichtiger Faktor und sollten schon deshalb bei der systematischen Analyse einbezogen werden. Genreanalyse kann dabei heißen:

- Analyse eines ganzen Genres (seiner Entstehung, Geschichte, Elemente, Wirkung),
- Analyse eines einzelnen Films unter Berücksichtigung seines Genres.

Die Genres, von denen in diesem Band die Rede ist, gehören ausschließlich der Gattung Spielfilm an, deren Kennzeichen darin besteht, dass sie fiktionale Handlungen mit Schauspielern auf der Grundlage eines Drehbuchs zur Darstellung bringt. Dies unterscheidet den Spielfilm von anderen Gattungen wie dem Dokumentarfilm oder dem Animationsfilm mit ihren andersartigen Präsentationsformen.

Info

Dokumentarfilm: Eine Gattung des nicht-fiktionalen Films, in der keine Schauspieler in Rollen auftreten, sondern Menschen als sie selbst in ihrer persönlichen Umwelt. Der Dokumentarfilmer ist ein Verwandter des Journalisten, ein Beobachter, der auch selbst anwesend sein kann als Kommentator oder als Gesprächspartner der Menschen im Interview. Der Übergang zwischen Dokumentarfilm und Spielfilm ist fließend. So gibt es in Dokumentarfilmen auch erzählerische Elemente, während Spielfilme, die sich um eine authentische Darstellung der Wirklichkeit bemühen, dokumentarische Bestandteile haben. Der Erfolg des amerikanischen Produzenten Michael Moore mit seinen politisch engagierten Dokumentarfilmen (*Bowling for Columbine*, *Fahrenheit 9/11*) führte in den letzten Jahren zu einer Renaissance dieser Gattung im Kino, nachdem sie jahrzehntelang vor allem eine Domäne des Fernsehens war. Aufsehen erregte 2006 der halbdokumentarische Film *Borat*, in dem der Satiriker Sacha Baron Cohen in einer Verkleidung als kasachischer Reporter die Verbreitung von Vorurteilen in den USA entlarvt. Er erschleicht sich das Vertrauen von Durchschnittsbürgern, die sich anschließend durch offen sexistische oder antisemitische Äußerungen zahlreiche Blößen geben.

8.1 Genres im Wandel

Als Genre bezeichnet man eine Gruppe von Spielfilmen, die auf oftmals wiederholten Erzählformen beruhen und die nennenswerte Gemeinsamkeiten in mehreren Bereichen aufweisen können:

- Handlungsaufbau,
- Figurengestaltung,
- audio-visueller Stil
- Handlungsort und Zeitebene und
- emotionale Wirkung.

Folgende Genres haben sich im Verlauf der Geschichte des Spielfilms als die einflussreichsten und dauerhaftesten herausgebildet:

Wichtige Genres

- Kriminalfilm,
- Komödie,
- Horrorfilm,
- Abenteuerfilm,
- Actionfilm,
- Musikfilm bzw. Tanzfilm,
- Western,
- Melodrama,
- Science Fiction.

Zusätzlich gibt es eine Fülle weiterer Genres, die entweder eigenständig sind oder sich den genannten Hauptgenres unterordnen lassen. Laufend bilden sich neue Genres heraus, andere verschwinden vorübergehend oder für immer aus den Kinos. Die folgende Liste ließe sich deshalb beliebig verlängern:

Gangsterfilm, Film Noir (▶ Info Seite 24), Detektivfilm, Agentenfilm, Psychothriller, Vampirfilm, Kriegsfilm, Katastrophenfilm, Spaghettiwestern, Kampfkunstfilm, Gerichtsfilm, Piratenfilm, Sandalenfilm, Mantel-und-Degen-Film, Fantasy, usw.

Die unabschließbare Vielfalt an Genres zeigt, dass es sich hier um eine Erscheinung handelt, die sich ständig im Fluss befindet und schwer zu greifen ist. Selbst die meisten Einzelgenres sind schon so wandelbar, dass es unmöglich ist, ein Repertoire von Elementen festzulegen, das alle Exemplare miteinander teilen. Viele Genres gibt es auch in anderen Medien (u. a. Literatur, Comic), und einige sind schon weit vor der Erfindung des Films entstanden (z. B. Horror oder Science Fiction), passen sich aber den Zeitumständen immer wieder neu an. Genres bilden ständig Subgenres aus wie die Komödie (Screwball Comedy, Romantische Komödie, Schwarze Komödie usw.), und sie neigen zur Vermischung, was sogenannte Hybridgenres* wie Retro-Sci Fi oder die Thrillergroteske hervorbringt. Auch erfasst die Globalisierung seit einigen Jahren zunehmend die Genres und führt zur Herausbildung von Hybriden wie etwa in den Filmen mit Jackie Chan, die das fernöstliche Martial-Arts-Genre mit dem amerikanischen Actionfilm (*Rush* Hour) oder dem Western (*Shanghai Noon*) mischt, beide wiederum mit der Komödie. Zum Wesen von Genres gehört vor allem auch das permanente Wechselspiel von Anpassung an ein Muster und Variation des Musters, was ständig Neubildungen hervorruft. So wollen z. B. Liebhaber des Western im Kino einerseits an Klassiker des Genres erinnert werden, erwarten auf der anderen Seite aber auch ein gewisses Maß an Originalität, um von Langeweile verschont zu bleiben. Einige Stereotype, die für ein Genre kennzeichnend sind (Beispiel: Der Schurke im Superhelden-Genre ist ein Wissenschaftler, der durch einen Laborunfall übermenschliche Fähigkeiten erlangt hat.), müssen wiederholt, andere zugleich untergraben werden. Was dann zunächst einen Verstoß gegen die Genrenorm darstellt, kann schon bald zur neuen Regel werden.

Genres in anderen Medien

Subgenres

Hybridgenres

Muster und Variation

8.2 Die soziale Funktion von Genres

Warum bilden sich Genres heraus, und weshalb zieht es Menschen in bestimmten historischen Zeiträumen immer wieder zu denselben Genres hin? Die Antwort besteht darin, dass sie wesentliche Aufgaben für die Gesellschaft erfüllen:

Genres erlauben es dem Publikum, die engen Grenzen seiner alltäglichen Realität zeitweilig hinter sich zu lassen

Entfremdung

Diese Funktion wird verständlich vor dem Hintergrund der Lebenssituation vieler Zuschauer, welche die Befriedigung wichtiger Bedürfnisse nicht zulässt. Die Realität wird häufig als anonym, monoton, nüchtern und unübersichtlich empfunden. Die Geschichten, die Genrefilme erzählen, bieten hier Entlastung, weil sie gerade das enthalten, was man entbehrt: Gemeinschaftlichkeit, Geschlossenheit, Emotion. Sie verheißen Spannung und Abenteuer und damit einen Ausgleich für Menschen, die täglich viele Stunden im Büro oder einer Fabrik verbringen. Die Sehnsucht nach einer großen Liebe bleibt oft unerfüllt, im Kino kann man aber einen Abglanz davon erhalten. Auch zeigen viele Filme Figuren, welche ihr Schicksal ergreifen und sich in klar abgegrenzten Situationen bewähren können, während dem Einzelnen außerhalb des Films solche Handlungsmöglichkeiten oft fehlen. Hier erzeugen Globalisierung und permanenter Wettbewerb eher den Eindruck, man sei unüberschaubaren Veränderungen hilflos ausgeliefert. Gleichzeitig bieten viele Genrefilme die Gelegenheit, Handlungen und Gefühle auszuleben, die heutzutage einer strengen sozialen Kontrolle unterliegen. Rachegelüste, Schadenfreude, die Entfaltung von Aggressivität usw. gelten seit der Epoche der Aufklärung als Zeichen von Unvernunft. Wer sich ihnen hingibt, fühlt sich leicht schuldig. Der Erfolg von Genres wie dem Actionfilm zeigt aber, dass das Unterdrückte nicht spurlos verschwindet, sondern ins Leben zurückdrängt.

Entlastung

Handlungsmöglichkeiten

Genres sind Ausdrucksform weit verbreiteter Angst- und Katastrophenphantasien, unterbewusster Schuldgefühle, der Faszination am Unheimlichen.

Das Irrationale

Das Schauerliche, das Grauen und der Ekel sind Empfindungen, die offensichtlich Teil der menschlichen Natur sind, denen aber im Leben kein wirklicher Platz mehr eingeräumt wird. Sie unterliegen in der Gegenwart ebenfalls einem Tabu, weil sie zum Bereich des Irrationalen gehören. Der Genrefilm konfrontiert den Menschen wieder damit. Vor allem in Horror und Science Fiction gelangen menschliche Urängste (vor Gespenstern, Naturkatastrophen usw.) an die Oberfläche und werden nicht selten lustvoll durchlebt. Das Gleiche gilt für Furchtgefühle, die erst durch die moderne Lebensweise erzeugt werden. Das belegen Filme wie *Die Nacht der lebenden Toten* oder *Zombie* von George Romero, die Ausdruck der Ängste und des Schuldbewusstseins sind, welche die Verdrängung der Sterblichkeit und des Todes in der Gegenwart hervorruft. Dieselben Genres leben besonders in Zeiten auf, in denen die Verunsicherung durch äußere oder innere Gefahren breite Bevölkerungsschichten erfasst. So spiegelt sich die Furcht vor einem Atomkrieg und kommunistischer Unterwanderung in den USA der fünfziger Jahre in zahlreichen Filmen wie *Invasion vom Mars* und *Tarantula* (▶ Abb. 15, Seite VIII) wider. Fünf Jahrzehnte später finden die Alpträume vieler Amerikaner nach den Terroranschlägen vom 11. September 2001 ein Gegenstück in den Monstern und Maschinen in Steven Spielbergs *Krieg der Welten*. Der Film zeigt auch ein Land im Zustand der Lähmung: Die politische und militärische Führung ist nicht in der Lage, Strategien zur Abwehr

Urängste

Alptraum und Film

der außerirdischen Angreifer zu finden. Es liegt nahe, auch hier Bezüge zur außerfilmischen Wirklichkeit herzustellen. *Krieg der Welten* ist damit ein Beispiel dafür, dass Genrefilme gesellschaftskritisches Potenzial haben können.

Gesellschaftskritik

Genres erklären dem Zuschauer die Gesellschaft, in der er lebt

Sie bilden sich heraus oder treten erneut in Erscheinung, wenn sich ein Bedarf nach bestimmten Erzählungen abzeichnet. Dies kann auch der Fall sein, wenn eine Gesellschaft zu einer gemeinsamen Identität gefunden hat oder wenn sie für ein Problem zu einer tragfähigen Lösung gelangt ist. Die dritte Funktion, die Genrefilme erfüllen können, liegt dann darin, das Selbstverständnis der Gemeinschaft durch das Erzählen von Geschichten zu verdeutlichen und zu bekräftigen. So spielt der Gefängnisfilm durch, wie die Gemeinschaft mit Menschen umgehen soll, die ihre Rechtsordnung verletzt haben. Demokratisch verfasste Gesellschaften wie die USA vertreten vor sich selbst, weshalb sie einzelnen Menschen Zwang antun und sie auf engem Raum einsperren. In frühen amerikanischen Beispielen des Genres aus den dreißiger bis fünfziger Jahren kommen Recht und Gerechtigkeit im Normalfall zur Deckung. Häftlinge sind oft Gangster, sie haben ihre Strafe in vollem Umfang verdient und stehen nun vor der Wahl, weiterzumachen wie bisher oder sich zu läutern. Der Handlungsverlauf im Gefängnisfilm bietet ihnen Gelegenheit zu beidem. Innerhalb dieses Rahmens prangern viele Filme allerdings auch Verstöße gegen die Würde des Einzelnen an. Aber erst seit die politischen Reformbewegungen der späten sechziger Jahre auch Justiz und Strafvollzug auf den Prüfstand stellten, tritt diese Seite des Genres in den Vordergrund. Brutale Aufseher, unmenschliche Haftbedingungen, Korruption, Rassismus, unschuldig Eingesperrte und rebellierende Insassen gehören nun zum festen Bestand des Genres, auch in europäischen Filmen wie *Im Namen des Vaters.* Das Gefängnis wird im Film für viele Jahre zum Inbegriff eines Staates, der seine Bürger drangsaliert, das Genre zu einem der Orte, an denen die Suche nach moralischer Neuorientierung stattfindet.

Selbstverständnis einer Gesellschaft

Menschenwürde

8.3 Genres als moderne Mythen

Weil Genres Geschichten erzählen, welche dem Publikum ihre Lebenswelt erklären, werden sie auch als moderne Mythen* bezeichnet. (▶ vgl. Kap. 1, Seite 6 f.) Dass Genrefilme wie Mythen funktionieren, zeigt sich auch an einer Besonderheit, die sie mit ihnen teilen. Der Anthropologe Claude Lévi-Strauss hat an Erzählungen südamerikanischer Indianer gezeigt, dass Mythen zur Vermittlung ihrer Botschaften regelmäßig „binäre Oppositionen" herstellen. Gemeint sind Paare gegensätzlicher Überzeugungen, Werte oder Eigenschaften. Solche Gegensatzpaare bilden tatsächlich auch die gedankliche Grundlage von Genres, so z. B. des deutschen Heimatfilms

Binäre Opposition

der fünfziger Jahre, dessen Geschichten sich in einem ganz eigenen Spannungsfeld bewegen:

Heimat	Fremde
Land	Stadt
einfach	kompliziert
integer	korrupt
Geborgenheit	Entfremdung
Familie	Karriere
Tradition	Moderne

Durch die Analyse solcher Oppositionen nähert man sich dem Verständnis der Anliegen eines Genrefilms an. Im Fall des Heimatfilms bestand es in dem Wunsch, die Sehnsucht der Menschen nach Sicherheit und Stabilität zu erfüllen, welche die Folge von Weltkrieg und millionenfacher Vertreibung war.

Ideologie

Wenn die Botschaften in einem Genrefilm allerdings nur den Zweck verfolgen, Wahrheit zu verschleiern und das Publikum mit der Welt, wie sie ist, versöhnlich zu stimmen, verwandeln sich seine Mythen* in Ideologie. Die Aussage „Geld macht nicht glücklich", die in vielen Heimatfilmen enthalten ist, kann ideologisch sein, wenn sie Menschen ruhig stellt, die vom Wohlstand ausgeschlossen sind. Mitunter sind ganz Filme ideologisch wie im Fall der *Rambo*-Serie. Hier steht das Bemühen im Vordergrund, Amerika mit seinen Vietnam-Veteranen auszusöhnen, von denen viele traumatisiert waren und ein unbeachtetes Leben am Rand der Gesellschaft fristeten. In den *Rambo*-Filmen werden sie nachträglich zu Superhelden verklärt, die den Krieg ohne Weiteres gewonnen hätten, wenn ihnen nicht Bürokraten hinter der Front in den Rücken gefallen wären.

8.4 Anspruch und Trivialität

Standardisierung

Genrehaftigkeit bei einem Film ruft häufig die Vorstellung hervor, er sei trivial und schematisch. Tatsächlich bedienen sich Studios der Genres, um ihre Produktion zu standardisieren und um damit Kosten und Risiken besser kalkulierbar zu machen. Autorenfilme (▶ Info Seite 13) können entsprechend seltener einem Genre zugeordnet werden, als dies im Mainstream* der Fall ist. Es ist aber längst nicht jeder Genrefilm anspruchslos, wie einige der bereits erwähnten Beispiele zeigen. Hoch angesehene Regisseure wie Hitchcock, Kubrick und Fassbinder haben zum Teil innerhalb der Grenzen traditioneller Genres gearbeitet. Andere Filmemacher wenden sich Genres

Dekonstruktion

zu, um sie zu „dekonstruieren" (▶ Info S. 94). Im Übrigen sind Produkte der Massenkultur wertvolle Forschungsgegenstände für Geschichtswissenschaft und Soziologie. Ihre Mythen* und Ideologien erlauben wichtige Einsichten in den Zustand einer Gesellschaft. Wer z. B. die Mentalität der Deutschen in den fünfziger Jahren erforschen will, wird nicht darum herumkommen, sich intensiv mit dem Heimatfilm zu beschäftigen.

Massenkultur und Wissenschaft

Auch wenn bei der Bewertung von Filmen ein hohes Maß an Subjektivität letztlich unvermeidlich bleibt, so lassen sich doch einige Kriterien nennen, mit deren Hilfe sich die Qualität von Genrefilmen beurteilen lässt.

Anzeichen für Trivialität	**Qualitätsmerkmale**
Funktioniert nach dem Serienprinzip: Durch hohen Grad an Vorhersagbarkeit und stereotypen Verlauf wird der Zuschauer zum passiven Konsumenten	Hohes Maß an Variation, Abweichung von Genremustern; vom Zuschauer wird eigene Aktivität gefordert
Gut/Böse-Schema	Breites Spektrum an moralischen Wertungen
Vermittelt in hohem Maß Klischees und passt sich an massenhaft verbreitete Vorurteile an	Setzt Erwartungen und Vorurteilen des Publikums Widerstand entgegen
Vermittelt zynische oder reaktionäre Denkmuster und Rollenbilder	Ermutigt dazu, Denkmuster und Rollenbilder zu hinterfragen
Häufung starker emotionaler Reize als Selbstzweck (Sexualität, Gewalt), Voyeurismus	Darstellungen von Sexualität und Gewalt haben Funktion für die Aussage
Flache oder banale Charaktere mit nur wenigen Eigenschaften und ohne plausible Motivation	Komplexe Charaktere mit glaubhafter Motivation
Schnell durchschaubare Symbolik	Symbolik muss entschlüsselt werden
Transportiert Ideologien	Enthält Mythen

Legt man diese Maßstäbe an, muss man zu dem Schluss kommen, dass die meisten Heimatfilme trivial sind. Sie teilen diese Eigenschaft u. a. mit der James-Bond-Reihe, die trotz ihres hohen Unterhaltungswertes nur aus Serienfilmen besteht, in denen ein einmal gefundenes Erfolgsrezept zur Formel erstarrt ist. Wesentlich lohnender wäre hingegen die Beschäftigung mit einigen Filmen der Batman-Reihe. Diese gehören zwar dem Superhelden-Genre an, das aus dem Blickwinkel der Hochkultur wenig geschätzt wird, variieren aber dessen Muster in einer Weise, die den Zuschauer verstören und nachdenklich machen kann. (▶ Abb. 16, Seite VIII)

8.5 Filmbeispiel: Brokeback Mountain

Melodrama

Brokeback Mountain (▶ Handlung s. Seite 63) ist ein Film, der die Genres Melodrama und Western in charakteristischer Weise zusammenfügt. (▶ Abb. 17, Seite IX) Es handelt sich um eine Erzählung über zwei schwule Cowboys, in der es um Leidenschaften, um unerfüllte Liebe und um Schicksalsschläge geht. Wie im Melodrama üblich, werden die unterschiedlichsten

Gefühle heftig durchlebt (Liebe, Freude, Trauer, Angst, Zorn, Enttäuschung, Scham, Schuld), fast immer sind sie „larger than life“. Menschen handeln dabei mit großer Konsequenz so, dass ihnen Erfüllung versagt bleibt, während der Zuschauer intensiv mit ihnen leidet. Die wichtigste Abweichung von den bekannten Mustern des Melodramas besteht darin, dass dieser Film nicht aus der Perspektive einer Frau erzählt wird und dass die Protagonisten zwei Männer sind. Auch gibt es keine gravierenden sozialen Unterschiede zwischen den beiden. Allerdings findet in diesem Rahmen eine Anpassung an genretypische Verhaltensweisen statt. Hier begehren eben nicht Frauen, sondern Männer gegen von anderen Männern vorgeschriebene Glücksvorstellungen auf. Dass die beiden schwul sind, ermöglicht die für das Melodrama erforderliche Fallhöhe (und nicht etwa ein uneheliches Kind oder die Liebe einer Frau aus besseren Kreisen zu einem Gärtner).

Rollenverteilung

Außerdem findet sich eine für das Melodrama übliche Rollenverteilung. Es gibt eine Aufgabenzuweisung wie in einer konventionellen Beziehung zwischen Mann und Frau, wobei die Figur, welche die Frau vertritt, mutiger und konsequenter für das Glück kämpft. So wirkt Ennis maskuliner als Jack, der wiederum feinfühliger ist. Ennis wagt aber nicht den entscheidenden Schritt, zu dem ihn Jack drängt. Jacks Wünsche an das gemeinsame Leben weichen andererseits nicht weit von denen zahlreicher Frauen in Melodramen ab – ein zurückgezogenes Glück zu zweit auf einer kleinen Ranch würde ihm reichen. Den völligen Bruch mit ihrer puritanischen, von Homophobie geprägten Umgebung können sich beide nicht vorstellen. Das Ende bringt dann in genretypischer Art Scheitern und Tod auf der einen Seite (Jack) sowie die endgültige Anpassung an gesellschaftliche Normen auf der anderen (Ennis).

Unterschiede zu Genremustern

Was *Brokeback Mountain* weit über die Beschränkungen dieses oft schlichten Genres erhebt, ist die differenzierte Charakterzeichnung. Viele Melodramen wie *Love Story* meiden auch die zeitbezogene Aktualität, wie sie sich in Ang Lees Film findet. Sie zeichnen die soziale Wirklichkeit so unscharf, dass der Mensch weniger an ihr als an einem unbegreifbaren Schicksal zu leiden scheint. Auch *Brokeback Mountain* schwelgt in der Melancholie, die das Melodrama hervorruft, weist aber auf die Mitverantwortung einer bornierten und gewalttätigen Umwelt für das Leiden des Individuums hin. Dadurch verweigert sich der Film auch der Ideologie, die das Melodrama oft enthält, nämlich der tröstlichen Botschaft an das Publikum, dass das Leben eben „so“ ist und dass man wie die Filmfiguren nicht wirklich dagegen ankommt, auch wenn man tapfer darum kämpft.

Mischung Western/ Melodrama

Eine Verbindung zwischen Melodrama und Western hat es in der Geschichte des Films schon häufiger gegeben, z. B. in dem Genre-Klassiker *Giganten*. Da *Brokeback Mountain* in der zweiten Hälfte des 20. Jahrhunderts spielt, gibt es keine Pistolenduelle oder Siedlertrecks zu sehen, an die Bildersprache des Western erinnert aber das Setting (der amerikanische Westen von Wyoming bis Texas). Außerdem gibt es Pferde, Lagerfeuer, einsam gelegene Farmhäuser usw. zu sehen, die Protagonisten sind schweigsame Cowboys. Mehrere Besonderheiten teilt der Western mit dem Melodrama, was eine Mischung der Genres erleichtert. Beide sind oft räumlich und zeitlich sehr ausladend. Auch *Brokeback Mountain* erzählt mit epischer Breite die Geschichte von Jack und Ennis. Der Film deckt mehrere Jahrzehnte ab und verdeutlicht damit die Dimensionen ihres Kummers: Er prägt ihr ganzes Leben. Weiterhin neigen diese Genres dazu, Bilder von Landschaften und anderen Räumen symbolhaft aufzuladen. Der entscheidende Grund für die Verbindung des Melodramas mit dem Western dürfte aber in diesem Fall eine thematische Übereinstimmung sein, denn nicht nur im Melodrama müssen Figuren einsam bleiben und Verzicht leisten, sondern auch im klassischen Western. Dort verbringen die männlichen Protagonisten als Vorhut der Siedler Jahre in der Wildnis, während Frauen aufopferungsvoll auf ihre Rückkehr warten, die immer wieder aufgeschoben wird.

Der klassische Western

Der Stellenwert der Western-Motive in *Brokeback Mountain* lässt sich ermessen, wenn man sie in Beziehung zur Geschichte des Genres setzt. Im klassischen Western, dessen Prototypen wie *Red River* in den dreißiger bis fünfziger Jahren entstanden, wurde die Eroberung und Urbarmachung des riesigen amerikanischen Kontinents zelebriert. Der Western stärkte den Glauben an die Grundwerte Amerikas und an die Fortdauer seines Pioniergeistes in einer Zeit, als eigentlich alle Grenzen bereits überschritten waren. Nachdem Vietnamkrieg, Watergate-Skandal und Studentenbewegung in den sechziger Jahren das Vertrauen breiter Schichten in die moralische Überlegenheit Amerikas erschüttert hatten, verlor auch der Western seine Unschuld und veränderte sich. Die Einnahme des Westens erschien nun in einem düsteren Licht.

Der späte Western

Spät-Western wie *Pat Garrett jagt Billy the Kid, Heaven's Gate*, *Der Elektrische Reiter* und *Dead Man* zeigen einen Westen, dessen Landschaften längst nicht mehr unberührt sind, und sie enthüllen, welche Gewaltexzesse gegen die Natur, gegen Frauen und die Ureinwohner mit seiner Einnahme verbunden waren. Andere zeigen auch, wie schnell Profitdenken und engstirnige Moral, denen man in der Weite des Westens eigentlich zu entkommen hoffte, sich auch hier ausbreiteten.

Männerideal

Viele Mythen und Ideologien des Western sind also im Genre selbst inzwischen entzaubert worden. Wie sehr sie trotzdem in der amerikanischen Gesellschaft nachwirken, lässt sich in *Brokeback Mountain* nachvollziehen. Ennis und Jack streben dem Männerideal des klassischen Western nach. Sie suchen das raue, freie Leben in der Natur, Jack liebt Herausforderungen wie das Rodeo, Ennis ist mit Gefühlsäußerungen sparsam. Ein offenes Bekenntnis zur eigenen Homosexualität ist aber kaum vorstellbar, solange diese Vorstellungswelt ihr Selbstverständnis prägt.

Dekonstruktion des Western

Ang Lees Film reiht sich somit in die Tradition des Spät-Western ein und setzt die Dekonstruktion des Genres fort, indem er zeigt, wie wenig seine Werte dazu taugen, Jack und Ennis glücklich zu machen. Das Männerbild, das sie verinnerlicht haben, gehört zu den wirklichen Ursachen für ihr Leiden.

Dekonstruktivismus/Dekonstruktion: Der Dekonstruktivismus ist eine Denkweise, welche seit den sechziger Jahren unter dem Einfluss des Philosophen Jacques Derrida (1930–2004) Verbreitung gefunden hat. Sie findet sich in Literatur, Architektur und Film sowie in den Wissenschaften, die sich mit diesen Künsten befassen. Dekonstruktion ist im Wesentlichen ein kritisches Analyseverfahren, das sich von der herkömmlichen „Interpretation" unterscheidet. Es zielt nicht darauf ab, in Filmen oder Texten einen bestimmten Sinn zu entdecken. Vielmehr werden sie in Verbindung mit anderen Filmen, Texten usw. untersucht, um verdeckte Bedeutungen und Absichten aufzuspüren, die ihren Urhebern selbst nicht bewusst sind. Dekonstruktion ist z. B. eine sehr geeignete Methode im Umgang mit Filmen, die große innere Widersprüchlichkeiten aufweisen, wie *Der Club der toten Dichter*. Dessen eindringliche Botschaft besteht in der Forderung an die Gesellschaft, dem Individuum und seiner Phantasie Freiraum zu lassen. Dem stehen aber eine konventionelle Mainstream-Erzählweise und die Verwendung einer Vielziel von Stereotypen gegenüber. Auch die binären Oppositionen, die das Denken oft prägen, können bei einer dekonstruktivistischen Lektüre als fragwürdig entlarvt werden. So stellt *Der Club der toten Dichter* die Differenz zwischen den Begriffen Romantik (wird positiv dargestellt) und Realismus* (negativ) als unüberbrückbar dar, durchkreuzt diese Wertungen aber selbst, ohne es zu merken (z. B, weil die Zitate von romantischen Dichtern, welche die gedankliche Grundlage des Films bilden, bei näherer Betrachtung nicht standhalten, denn sie sind willkürlich aus ihrem Zusammenhang gerissen und manchmal in sinnentstellender Weise verwendet). Das Wort Dekonstruktion ist eine Neuschöpfung aus „Destruktion" und „Konstruktion", die vermitteln soll, dass hier zugleich etwas zerstört und wieder neu aufgebaut wird. Auch Film-Parodien wie Mel Brooks Science-Fiction-Film *Spaceballs* sind im Grunde Dekonstruktionen. In diesem Fall werden die *Krieg der Sterne*-Filme durch Spott zersetzt, um anschließend aus ihren Bestandteilen ein neuartiges Werk zu schaffen.

Untergang des Western-Helden

Brokeback Mountain veranschaulicht auch den grundsätzlichen Widerspruch des Genres, dass nämlich dem glorifizierten Einzelgänger mit der vollständigen Zivilisierung des Landes seine Lebensgrundlage entzogen wurde. Mit dem Vordringen der Schienenstränge, Straßen und Städte büßt der Westener, der Inbegriff des amerikanischen Mannes, seine Existenzberechtigung ein. Er passt nicht mehr nach Wyoming und Texas, die einmal mythische Orte im alten Western waren. In den frühen sechziger Jahren des 20. Jahrhunderts, in denen *Brokeback Mountain* beginnt, sind ihre Ebenen mit trostlosen Städten und banalen Trailer Parks übersät, in denen hartherzige Menschen leben. Die Regeln und Gesetze des klassischen Western sind außer Kraft gesetzt, die binären Oppositionen, auf denen dieses Genre beruhte, werden aufgelöst. So sind Unterschiede zwischen dem ungezähmten Westen und dem zivilisierten Osten nicht mehr erkennbar. Die Freiheit hat nur noch das Hochgebirge, den Brokeback Mountain, als letztes Rückzugsgebiet. Während der Einzelgänger zuvor Unbeugsamkeit und Stärke repräsentierte und die schwache Gemeinschaft ohne seine Dienste verloren war, hat sich das Verhältnis jetzt umgekehrt. Jack und Ennis sehen aus wie traditionelle Westerner, sind aber nur noch wenig geachtete Hilfsarbeiter. Einfluss und Ansehen genießen im neuen Westen wohlhabende Rancher und kleinbürgerliche Stadtbewohner, also die eigentlichen Nachzöglinge der ursprünglichen Pioniere. Ihre kleinbürgerliche Moral ist nun in fast alle Winkel des Landes vorgedrungen und grenzt jeden aus, der sich nicht an sie anpasst. Die Gewalt, die der Cowboy, Treckführer oder Trapper im klassischen Western ausübte, wendet sich in *Brokeback Mountain* gegen ihn selbst; die Entbehrungen, die er auf sich nimmt, sind einfach nur noch Teil eines schlecht bezahlten Jobs. Bei Ennis hat es den Anschein, dass er sie nur deshalb immer wieder auf sich nimmt, um der beengenden Häuslichkeit daheim zu entfliehen. Unter diesen Umständen bleibt auch das Bild der passivgeduldigen Frau des alten Western nicht intakt. Alma und Lureen sind verbitterte Frauen, deren Einsamkeit man keinen Sinn mehr abgewinnen kann. Sie müssen ebenso wie ihre Männer unter der Selbsttäuschung leiden, die ein überholtes Männlichkeitsideal verursacht.

Kleinbürgerliche Moral

Wandel des Frauenbildes

Obwohl der Film wichtige Mythen des Western als unhaltbar entlarvt, bezeugt er dem Genre dennoch seinen Respekt und zeigt, dass seine Anziehungskraft fortbesteht. Entscheidende Teile seiner Mythologie bleiben auch in Spät-Western wie *Brokeback Mountain* unangetastet, vor allem in den Bildern unendlicher, unberührter Landschaften, in denen sich die Sehnsucht nach Einklang mit der Natur spiegelt.

Fragen für einen ersten Zugang: Genre

- Welchem Genre bzw. welchen Genres lässt sich der Film zuordnen?
- Welche Elemente des Films erinnern an bekannte Prototypen eines Genres?
- Welche vertrauten Genremuster lassen sich in dem Film entdecken?
- Inwiefern wandelt er Genre-Muster ab?
- Welche Emotionen löst der Film im Zuschauer aus und wodurch?
- Inwieweit wird diesen Emotionen im Leben außerhalb des Films ein Platz eingeräumt bzw. verweigert?
- Welche weiteren Bezüge zu der außerfilmischen Realität kann man identifizieren?
- Welche binären Oppositionen lassen sich erkennen?
- Welche Aussagen zum Selbstverständnis der Gesellschaft enthält der Film?
- Enthält der Film ideologische Botschaften? Wenn ja – welche?
- Wirkt der Film eher trivial oder anspruchsvoll? Woran lässt sich dieser Eindruck festmachen?
- Werden Genreelemente parodiert oder auf andere Weise dekonstruiert? Wie geschieht dies genau?

Aktivität

Aktivität 1

Informieren Sie sich über einen Zeitraum von mehreren Wochen über Filme, die im Kino und auf DVD neu erscheinen. Als Quelle eignen sich z. B. Fernsehzeitschriften mit ausführlichem Kinoprogramm oder spezielle Filmzeitschriften.

- Stellen Sie fest, welche Genres aktuell im Kino vertreten sind. Welche finden sich besonders oft?
- Welche Genres haben eine lange Tradition? Welche sind neueren Ursprungs?
- Beschreiben Sie eines der neueren Genres aufgrund der Merkmale, die sich aus den Besprechungen erschließen lassen.
- Versuchen Sie, Ursachen für die Entstehung und Popularität des Genres, das Sie beschrieben haben, zu finden? Welche Bedürfnisse im Menschen spricht es an? Welchen Bezug zur gesellschaftlichen Wirklichkeit hat es?

Aktivität 2

Untersuchen Sie mehrere Beispiele von Filmen der deutschen Nachwende-Zeit (ab 1989), vor allem *Sonnenallee (1999), Good Bye Lenin! (2003), Der rote Kakadu, Das Leben der anderen (beide 2006)*, im Hinblick auf

- die Hauptmerkmale des Genres,
- die Differenzierung in Subgenres,
- die binären Oppositionen, die kennzeichnend sind für den Nachwende-Film,
- die Mythen, die das Genre über den Untergang der DDR und das Schicksal ihrer Einwohner erzählt.

Entwerfen Sie ein Bild von der Zukunft des Nachwende-Genres. Wie wird es sich in den nächsten zehn Jahren voraussichtlich entwickeln.

9 Realität und Illusion

Manipulation des Wirklichkeitssinns

Die Begriffe Realität und Illusion werden in dem Maße wichtiger für die Beurteilung eines Films, wie das Illusions-Kino seine Möglichkeiten verbessert, den Wirklichkeitssinn des Publikums zu manipulieren. Schon immer hat die Faszinationskraft des Films darin bestanden, Orte (z. B. die Oberfläche eines fernen Planeten) und Ereignisse (einen Vulkanausbruch im 19. Jahrhundert) in Bildern von großer Genauigkeiten zu simulieren. Dabei ist heutzutage ein technischer Standard erreicht, der praktisch alles Denkbare so darstellbar macht, dass es täuschend echt wirkt. Wer *Titanic* sieht, könnte meinen, bei der Jungfernfahrt des glanzvollen Ozeanriesen, bei seinem Zusammenprall mit dem Eisberg und bei seinem Untergang persönlich anwesend zu sein, obwohl es sich nur um eine mit Hilfe raffinierter Special Effects und mit Produktionskosten von 285 Millionen Dollar konstruierte Fassadenwirklichkeit handelt. Diese bietet einen perfekten Anschein von Authentizität und beglaubigt damit auch eine Liebesgeschichte und andere Geschehnisse, die sich auf dem tatsächlichen Schiff niemals zugetragen haben.

Virtuelle Welten

Als Folge des technischen Fortschritts in der Filmindustrie ist Realität im Kino endgültig elastisch und dehnbar geworden. Bilder können beliebig nachbereitet, erweitert oder sogar völlig von realen Gegenständen abgelöst werden. So verändert man heute durch digitale Bildmanipulation Körper, Landschaften und Architektur fast beliebig; die Schaffung rein virtueller Welten von bestechender optischer Qualität ist möglich. Laufend werden neue Grenzen überschritten, etwa wenn verstorbene Schauspieler nachmodelliert und in neuen Filmen eingesetzt werden (wie Marlon Brando in *Superman Returns*) oder wenn Darsteller insgesamt nur aus Pixeln bestehen (so in einigen Action-Szenen in *Spider-Man*). Möglicherweise werden langfristig große Filmproduktionen nichts Ungewöhnliches sein, in denen nicht nur gänzlich auf Kamera und Kulissen verzichtet wird, sondern auch auf lebendige Darsteller, was wiederum die erwünschte Vernetzung des Films mit anderen audiovisuellen Medien (Computerspiele, Internet, Fernsehen) erleichtern würde. Insgesamt übt der technologisch aufgerüstete Illusionsfilm so zunehmend Einfluss darauf aus, wie Menschen Wirklichkeit wahrnehmen. Eine solche Entwicklung kann als problematisch angesehen werden, weil dieses Illusionskino (▸ Info Seite 100)

Vernetzung mit anderen Medien

- keinen Anspruch auf Wahrhaftigkeit erheben kann: Jeder Bezug zur außerfilmischen Realität ist von vornherein fragwürdig,
- die Phantasie des Zuschauers enteignet, welche leicht die Konkurrenz mit den industriell gefertigten Hochglanzbildern aufgibt,
- sekundäre Erfahrungen von so großer Intensität verschafft, dass primären Erfahrungen (also solchen im wirklichen Leben) Entwertung droht,

– mit seinen perfekten Körper- und Erotikinszenierungen unerreichbare Ideale jenseits der menschlichen Natur schafft.

Überprüfung des Wahrheitsgehalts

Der Wahrheitsgehalt von Filmbildern muss also heutzutage mehr als je zuvor ständig überprüft werden, damit der Zuschauer nicht ihren Täuschungen erliegt. Seit den neunziger Jahren reflektieren zahlreiche Filme wie *Die Truman Show* und *Caché* die Gefahren einer Welt, in der die Bilder der Medien realer und mächtiger zu sein scheinen als die Realität und in der die Grenzen zwischen Mensch und Technik immer mehr verfließen. (▶ Abb. 18, Seite IX) Die Entstehung des erfolgreichen Cyberpunk-Genres, mit seinen Prototypen *Blade Runner* und *Matrix,* ist ein Beleg dafür, dass unterbewusste Ängste vor dem Verlust der Realität inzwischen massenhaft verbreitet sind. In *Matrix* ist die bekannte Welt nur eine Computersimulation, von intelligenten Maschinen hergestellt, um die Menschheit zu versklaven. (▶ Abb. 19–22, Seite X und XI)

Info

Cyberpunk: Ein in den achtziger Jahren zunächst in der Literatur entstandenes Genre der Science Fiction, das eine zukünftige Welt schildert, in der einzelne Außenseiter, Outlaws, Hacker usw. („Punks") sich gegen ein System zur Wehr setzen, das mit Hilfe fortgeschrittener Verfahren der Bio- und Informationstechnologie („Cyber-") das Leben der Menschen beherrscht. Oft gelingt es den Rebellen, ihre Feinde mit ihren eigenen Waffen (Klonen, Gehirnimplantate, künstliche Intelligenz usw.) zu schlagen.

Alternativen für den Zuschauer

Diese Beispiele zeigen, dass es im Kino selbst zahlreiche Widerstände gegen die Ausbreitung der reinen Illusion gibt. Zusätzlich bietet es auch eine Fülle von Filmen, die künstlerische Strategien entwickeln, welche den Wirklichkeitssinn des Zuschauers aktivieren und seine Wahrnehmungskompetenz fördern, statt sie zu betäuben (▶ vgl. nachfolgend Alternativen Kap. 9.2, Seite 102 ff.). Auch in diesen Bereichen wird moderne Technologie wie digitales Video und tragbare Handkamera* eingesetzt, allerdings nicht, um zu überwältigen, sondern als Stilmittel. Die Apparate sollen hier dem Film dienen, statt ihn zu beherrschen.

9.1 Der Realitätseffekt

Lebensechtheit

Beim Film ist wie beim Foto der Eindruck der Lebensechtheit wegen seiner konkreten Bilder besonders groß. Der Kinobesucher lässt sich relativ leicht dazu verführen, die Darstellung mit dem Dargestellten, das Bild mit dem Abgebildeten gleichzusetzen.

Info

Illusionskino: Bezeichnung für Filme, die den Wirklichkeitssinn des Zuschauers manipulieren. Wesentliche Teile der Filmindustrie verstanden sich von Beginn an in der Nachfolge der Jahrmarktsattraktionen, des Variétes und des Zirkus, welche im 19. Jahrhundert das Unterhaltungsbedürfnis des Publikums mit Darbietungen befriedigten. Diese beruhten nicht selten auf Sinnestäuschung. Das Neue am Film bestand darin, dass seine Sensationen und Geschichten viel weniger auf die Mitarbeit der Phantasie des Zuschauers angewiesen waren, sondern den Anschein der Wirklichkeit hatten. Die „Traumfabrik Hollywood" ist der Inbegriff des Illusionskinos.

Wirklichkeitsnähe suggerieren

Was man mit eigenen Augen gesehen hat, gewinnt den Charakter äußerster Gültigkeit. Man spricht in diesem Zusammenhang von einem medial bedingten Realitätseffekt, der sich mit der technischen Perfektion der digitalen Tricks steigern lässt. Der Begriff „Realitätseffekt" wurde von Roland Barthes weiterhin für eine Reihe von Verfahren verwendet, die im Film, aber auch in anderen Medien wie dem Roman die Illusion der Wirklichkeitsnähe hervorrufen. Dazu gehören:

- das Prinzip der Plausibilität: Die dargestellten Ereignisse bewegen sich im Rahmen dessen, was ein Zuschauer innerhalb seiner Erfahrungswelt für wahrscheinlich und möglich hält,
- Verwendung komplexer Charaktere mit glaubhafter Motivation,
- Aktivierung des kulturellen Wissens des Zuschauers (über Politik, Geschichte, Wissenschaft, Musik, Geografie, Sport usw.),
- zeitbezogene Aktualität,
- Verschleierung der Fiktionalität und bruchlose Erzählweise (in Entsprechung zum Continuity System* Hollywoods).

Naiver Realismus

Diese Bedingungen sind in vielen Filmen erfüllt, die sich um engagierte Erkundung der gesellschaftlichen Wirklichkeit bemühen, allerdings auch in einer Fülle von Mainstreamfilmen, in denen der Realitätsbezug vollkommen oberflächlich bleibt. Ein typisches Beispiel ist das Sportdrama *Seabiscuit – Mit dem Willen zum Erfolg* von 2003, in dem es um ein Rennpferd geht, das es in den dreißiger Jahren wirklich gab und das als Underdog große Erfolge errang. Hier wird quasi eine „Geschichte aus dem wahren Leben" erzählt, was oft schon für einen Authentizitätsbeweis gehalten wird. Einige Rollen sind mit Darstellern besetzt, denen glaubhafte Einfühlung* in ihre Charaktere gelingt (Jeff Bridges, Tobey Maguire). Der Film enthält außerdem mehrere dokumentarisch wirkende Sequenzen mit Bildmaterial und Kommentaren aus dem „Off", u. a. zur Weltwirtschaftskrise und ihren Folgen, welche den historischen Hintergrund bilden. Trotzdem kann man hier nur von einem naiven Realismus sprechen, denn vor die Wirklichkeit eines krisenhaften Jahrzehnts schieben sich hoffnungsfrohe Botschaften, wie sie für das Sportfilm-Genre typisch sind. Es geht um die Kraft der Schwachen und Außenseiter, die Erfolg haben, wenn man ihnen eine Chance gibt: letztlich um den American Dream. An jedem einzelnen der drei Protagonisten, die jeweils durch schlichte Backstorywounds* motiviert sind, und an dem Pferd versinnbildlicht *Seabiscuit* diesen Gedanken und stärkt damit den Glauben an zentrale Wertgrundlagen der amerikanischen Gesellschaft, was nach dem Terroranschlag in New York vom 11. September 2001 einem verbreiteten Bedürfnis entgegenkam. Der Film interessiert sich somit eigentlich nicht für die Realität der Großen Depression, sondern erzählt eine Legende. Die dreißiger Jahre des letzten Jahrhunderts in Amerika erscheinen als eine Zeit, in der Menschen schon einmal in großer Not zusammenrückten. Handlung und Charaktere sind dabei alltagsfern und dienen als Rahmung für spannungsgeladene Pferderennen, dramatische Unfälle usw. Auch der erlesene Look* des Films, das gediegene Ambiente, die orchestrale und teilweise sentimentale Filmmusik sind weitere Hinweise darauf, dass es sich hier nicht um Realismus handeln kann. Der Realitätseffekt ist in *Seabiscuit* aber ausgeprägt und verstärkt damit die Überzeugungskraft des ideologischen Gehalts.

Alltagsferne Handlung

Eine objektive Nachbildung der Realität wäre allerdings auch einem Film, der dies ernsthaft versuchen würde, nicht möglich. Abgesehen davon, dass Filme fiktive Geschehnisse und Figuren mit ihrem eigenen Wahrheitsanspruch zum Gegenstand haben, gibt es dafür mehrere Gründe:

Ein Film kann nur Wirklichkeitsausschnitte enthalten

Ellipsen

Aus der ungeheuren Fülle der Details muss eine Auswahl getroffen werden. In *Auf der Flucht* wird der unschuldig des Mordes beschuldigte Dr. Richard Kimble von dem US Marshal Samuel Gerard gejagt. Am Anfang des Films tarnt sich Kimble u. a. dadurch, dass er seinen Vollbart abrasiert. Dieser Vorgang, der in Wirklichkeit vermutlich eine halbe Stunde dauern würde, wird im Film auf einige wenige Bilder reduziert, damit die Handlung vorankommt. Man sieht Kimble vor dem Spiegel, wie er die ersten Haare abschneidet, dann erst wieder mit glattrasiertem Gesicht. So kommt es in den meisten Filmen zu einem ganzen System von Verkürzungen (die auch als Ellipsen* bezeichnet werden). Viele davon sind dem Zuschauer längst nicht mehr bewusst, weil man sich daran gewöhnt hat. Gleiches trifft auch auf sogenannte „Movie Clichés" zu, die ebenfalls den Fluss der Handlung aufrecht erhalten, indem sie die Realität vereinfachen. So ist z. B. niemals das Telefon besetzt, wenn Kimble einen seiner zahlreichen Anrufe tätigt, und wenn Marshal Gerard vor ein Gebäude vorfährt, ist immer ein günstiger Parkplatz frei. Autorenfilme (▶ Info Seite 13) lassen sich oft mehr Zeit für einzelne Momente und Bilder als ein Mainstreamfilm wie *Auf der Flucht*; aber Autorenfilme kommen grundsätzlich nicht ohne Ellipsen aus.

Weiterhin kann ein Film durch Parallelmontage mehrere Vorgänge simultan zeigen, aber doch nur in begrenztem Umfang.

Die Wirklichkeit im Film ist immer subjektiv gestaltet

Wertsetzungen

Die Auswahl und Anordnung von Elementen der dargestellten Wirklichkeit folgt den Wertsetzungen der Erzählenden Instanz* (▸ vgl. Kap. 2, Seite 19). Wenn z. B. ein Film wie *Alles auf Zucker* die Situation von Juden im Deutschland der Gegenwart behandeln soll, müssen im Vorfeld Entscheidungen getroffen werden: Welche Figuren werden als repräsentativ ausgewählt? Auf welche wird Sympathie gelenkt, welche werden negativ gezeichnet? Welchen Vorgängen wird viel Filmzeit gewidmet und damit Gewicht verliehen? Welche Perspektiven soll es geben? Welche ist dominant? Die Fülle der Möglichkeiten, zwischen denen es zu wählen gilt, ist unendlich groß.

Ein Film ist in ein System medialer Bezüge eingebunden

Intermedialität

Kein Drehbuchautor, Regisseur, Schauspieler oder Kameramann kann „das Rad neu erfinden". Die Vorbilder, Erzählmuster, Genreregeln, Darsteller-Images usw., welche die Arbeit an einem Film beeinflussen, überformen auch die Wirklichkeit, die er darstellt. Besteht ein Bezug zwischen einem Film und einem anderen Medium, spricht man von Intermedialität*. Dabei kann eine Medienkombination vorliegen (z. B. Film und Musik) oder ein Medienwechsel (wie bei einer Literaturverfilmung). Richtet sich der Bezug hingegen auf Werke desselben Mediums – wenn etwa ein anderer Film zitiert oder auf diesen angespielt wird – handelt es sich um Intramedialität.

Intramedialität

Die Beziehung zwischen einem Film und der außerfilmischen Realität ist also in jedem Fall indirekt und vermittelt. Über diesen Umstand täuscht das Illusionskino den Zuschauer hinweg, während ein echter Realitätsbezug mitunter daran zu erkennen ist, dass ein Film seinen eigenen Kunstcharakter nicht verschleiert.

9.2 Alternativen zum Illusionskino

9.2.1 Unzuverlässiges Erzählen

Irritation des Zuschauers

In *Brokeback Mountain* bleibt eine Frage bis zum Ende unbeantwortet: Ist Jack tatsächlich bei einem Unfall umgekommen, wie seine Frau im Gespräch mit Ennis behauptet, oder hat sie sich das nur ausgedacht, um eine unerträgliche Tatsache nicht aussprechen zu müssen? Diese könnte darin bestehen, dass er von Unbekannten überfallen und erschlagen wurde, weil er schwul war. Eine solche Möglichkeit legt ein kurzer Flashback nahe, der in die Szene eingeschoben ist, der aber auch nur Ausdruck von Ennis' Angstphantasien sein könnte. *Brokeback Mountain* irritiert den Zuschauer an dieser Stelle massiv, indem er ihm zwei Erklärungsvarianten für einen Vorgang liefert und die Wahrheit in der Schwebe lässt. Beide Charaktere sind tief verstört, auf ihre Worte und Eindrücke ist kein Verlass, und der Film weigert sich, den Widerspruch aufzulösen. Es handelt sich um ein Beispiel für unzuverlässiges Erzählen, das in Ang Lees Film nur punktuell eingesetzt wird, hier aber an einer herausragenden Stelle, an der besonders deutlich der Widerspruch in Ennis' Leben aufscheint: War sein Verzicht auf ein Glück mit Jack ein Zeichen von Mutlosigkeit und Selbsthass, oder wird er im Nachhinein bestätigt?

Inkongruenzen

Unzuverlässiges Erzählen ist ein Verfahren, das Illusionsbildung erschwert und den Realitätseffekt behindert. Es arbeitet mit Inkongruenzen (Unstimmigkeiten) in Inhalt, Bild und Ton und stiftet dadurch unmerklich Verwirrung, was dem Zuschauer die Möglichkeit entzieht, mit dem Geschehen zu verschmelzen. Dieser hat Anlass zur Skepsis, was den Wahrheitsgehalt des Gesehenen betrifft, ist gezwungen, sich selbst zu orientieren und über den Wirklichkeitsstatus des Gesehenen klar zu werden. Ein unzuverlässig erzählter Film fordert das Publikum auf, nicht alles zu glauben, was es sieht, und der Oberflächenrealität zu misstrauen. Sie ist nur eine brüchige Fassade, hinter der sich Abgründiges, Verdrängtes, Geheimnisvolles verbirgt.

Skepsis und Misstrauen

Unzuverlässiges Erzählen tritt im Film oft im Zusammenhang mit Figuren auf, in deren Leben sich Risse auftun; vertraute Sicherheiten erweisen sich als haltlos. Auch findet es sich oft in Verbindung mit Darstellungen von Tod und Gewalt, weil der Wirklichkeitsverlust, eventuell auch die Lebenslügen und der Selbstbetrug, auf die es hinweist, zu Spannungen führen, die sich eruptiv entladen. Deshalb sind Psychothriller besonders oft unzuverlässig erzählt (*Der Malteser Falke*, *Vertigo*, *Die Vögel, Mulholland Drive*, *Caché*). Schließlich erlebt man unzuverlässiges Erzählen regelmäßig in Filmen, die das eigene Medium thematisieren.

Thematisierung des eigenen Mediums

In *Caché*, *Die Truman Show*, *One Hour Photo* sind Fotos oder Filme wichtige Motive, aus denen heraus das Unbehagen an der Herrschaft der Bilder über die Menschen spürbar wird.

Es gibt zahlreiche Signale, aus denen der Zuschauer auf unzuverlässiges Erzählen schließen kann. In vielen Fällen wird Verlässlichkeit im Verlauf des Films wieder hergestellt, im äußersten Fall wie in den Werken von David Lynch wirkt aber die gesamte filmische Welt inkohärent (unzusammenhängend) oder paradox und ist mit der herkömmlicheren Erfahrungswelt nicht vereinbar. Zu den weiteren Möglichkeiten zählen:

- Diskrepanzen zwischen der Selbstcharakterisierung einer Figur (z. B. in Off-Kommentaren) und ihrer Außencharakterisierung (z. B. durch andere Figuren, das Produktionsdesign oder die Kameraführung) wie in *Homo faber,*
- Anzeichen, dass eine Figur, aus deren Perspektive erzählt wird, geistesgestört sein könnte, Gedächtnislücken aufweist usw. (*One Hour Photo, Spider*).
- Durch einen Fake-Effekt* wirkt die Welt kulissenhaft und unecht (*Die Truman Show*, *Wahre Lügen*).

- Eine Figur wird als Protagonist eingeführt, verschwindet aber schon früh aus dem Film (wie Marion Crane in *Psycho*);
- eine Figur berichtet über einen Vorgang, der als Rückblende* dargestellt wird, sich später aber als gelogen herausstellt (*Die rote Lola*);
- fragmentarische Rückblenden, Traumsequenzen (*Wilde Erdbeeren*);
- der Keyser-Soze-Effekt*: Eine extreme Wendung am Schluss lässt den Zuschauer sprachlos zurück und nötigt ihn, alles zuvor Gesehene unter einem anderen Gesichtspunkt zu verstehen (*Fight Club*, *The Sixth Sense*; der Name Keyser Soze entstammt dem Film *Die üblichen Verdächtigen*);
- verschachtelte Erzählweise mit unterschiedlichen Zeitebenen (*Wahre Lügen*);
- Einsatz von Kameratechniken, die optische Widersprüche erzeugen, wie bei der Umkehrung der Schärfentiefe oder beim Vertigo-Effekt (gleichzeitige Rückwärtsfahrt der Kamera und Zoom auf ein Objekt), mit dem Alfred Hitchcock in seinem Klassiker Scotties Höhenangst auf den Zuschauer überträgt.

Wahrnehmungsgewohnheiten in Frage stellen

Allerdings ist nicht jede falsche Spur oder blinde Fährte im Film ein Beleg für unzuverlässiges Erzählen. Der Zuschauer ist nämlich keineswegs irritiert, wenn etwa im Kriminalfilm die am stärksten verdächtige Figur sich als unschuldig erweist. Dies ist den Genre-Konventionen geschuldet und hat keinerlei Verstörungspotenzial. Auch werden Kameratechniken, welche die Wahrnehmungsgewohnheiten des Zuschauers auf den Kopf stellen, häufig nur des Effekts willen verwendet. Damit man von unzuverlässigem Erzählen sprechen kann, muss eine Absicht hinzukommen, nämlich der Wunsch zu zeigen, wie trügerisch der Boden der Realität ist, auf dem wir uns bewegen. Es ist ein Verfahren, welches das blinde Vertrauen in die Bilder der Medien erschüttern will.

Filmbeispiel: Caché

Caché ist ein in Frankreich entstandener Film des österreichischen Regisseurs Michael Haneke, der die Geschichte des Fernsehmoderators Georges Laurent erzählt. (▶ Abb. 18, Seite IX) Er beginnt mit einer minutenlangen Einstellung, die in Großaufnahme eine gewöhnliche Pariser Wohnstraße zeigt, in der sich nichts Besonderes ereignet. Bestenfalls radelt einmal jemand vorbei. Dieses Bild bleibt auch stehen, als die Schrift des Vorspanns längst verschwunden ist. Mit zunehmender Dauer erscheint dieser Anblick des Alltäglichen als Zumutung, zu weit entfernt von den Erwartungen des Zuschauers an die Anfangsszene eines gewöhnlichen Kinofilms, um nicht seinen Argwohn zu wecken. Seine Suche nach Hinweisen auf einen verborgenen Sinn, den Beginn einer Handlung bleibt aber vergeblich, bis er Stimmen aus dem Off hört und die Bilder zurückgespult werden. Erst jetzt wird klar, dass der gesamte Beginn ein Film im Film ist, ein Videoband mit Aufnahmen von Georges Haus und Straße, welches ihm ein Unbekannter zu-

Film im Film

gestellt hat. Seine Nerven liegen blank; das Gefühl, bespitzelt und bedroht zu werden, hat bereits von ihm Besitz ergriffen. *Caché* entzieht damit durch seinen hochgradig unzuverlässig erzählten Anfang der Glaubwürdigkeit von Bildern und anderen Zeichen sofort die Grundlage. Wer sie gemacht hat und warum, was dahinter verborgen ist, sind Fragen, die zutiefst beunruhigen und nun massiv in das Leben Georges eingreifen, der selbst mediale Wirklichkeit manipuliert (im Schneideraum und vor der Bücherwandattrappe in seinem Studio). Aber nicht nur hinter den Video- und Fernsehbildern ist etwas verborgen, das Angst macht, sondern auch in der Wirklichkeit der Familie und der Politik. Zwischen allen drei Bereichen besteht ein enger Zusammenhang, den der Film erforscht. Der anonyme Zusender der Kassetten bringt langfristig eine Schuld an das Licht, die jahrzehntelang in Georges Unterbewusstsein vergraben war. Er hat als Junge verhindert, dass seine Eltern Majid, einen Sohn algerischer Einwanderer, adoptieren. Diesem blieb damit die Chance auf ein gleichberechtigtes Leben verweigert. Im Hintergrund steht somit die mangelhaft aufgearbeitete Beziehung Frankreichs zu seiner kolonialen Vergangenheit in Nordafrika, der sich auch Georges nicht stellt, obwohl er eine ganz persönliche Beziehung dazu hat. Die gleiche Lieblosigkeit und Verdrängung findet sich schließlich in seiner Familie, die nun unter dem Stress zu zerbrechen droht. Insgesamt entsteht das Bild einer Gesellschaft, die sich nicht zu ihrer Verantwortung bekennt und alle Energie darauf verwendet, bittere Wahrheiten zu verbergen. Diese bahnen sich aber in *Caché* (französisch für „verborgen", „versteckt") ihren Weg an die Oberfläche und kulminieren in einem als Schockeffekt inszenierten Akt der Gewalt. Wie schmerzhaft der Verlust der beruhigenden Sicherheiten für Georges ist, überträgt sich durch die Techniken des unzuverlässigen Erzählens auf den Zuschauer, der bis zum Schluss nicht erfährt, wer der Absender der Kassetten wirklich ist. Weitere Fragen werden in der Schwebe gehalten: Hat Georges Frau Anne ein Verhältnis mit dem Freund des Hauses? Ist die Geschichte mit dem Hund, die beim Abendessen erzählt wird, wahr oder falsch, möglich oder nicht? Der Film endet schließlich wieder mit einer langen Totalen, die den Eingang einer Schule zeigt. Während zahlreiche Schüler das Gebäude verlassen, kann man leicht übersehen, wie die Söhne von Georges und Majid am linken Bildrand erscheinen, miteinander sprechen, lachen und sich wieder trennen. Dieser Vorgang lässt eine Fülle von Deutungsmöglichkeiten offen; er könnte den Keim zu einem neuen Film enthalten. Wie er zu verstehen ist, muss der Zuschauer selbst entscheiden (sofern er ihn überhaupt wahrgenommen hat).

Familie – Politik – Medien

offener Schluss

9.2.2 Polyperspektivisches Erzählen

Stärkung des Realitätsbezugs

Eine Möglichkeit, einen stärkeren Bezug zur Realität im Film herzustellen und den Zuschauer zur aufmerksamen Wahrnehmung zu zwingen, bietet das poly- oder multiperspektivische Erzählen. Das kann z. B. bedeuten, dass

- eine Anzahl von inhaltlich und thematisch verbundenen Episoden aneinandergereiht werden (*New Yorker Geschichten, Night on Earth, Coffee and Cigarettes),*
- mehrere lose verbundene und thematisch verknüpfte Handlungsstränge nebeneinander existieren (*Pulp Fiction, Magnolia, L. A. Crash*),
- auf dasselbe Geschehen oder dieselbe Person aus der Sicht verschiedener Figuren jeweils unterschiedlich zurückgeschaut wird (*Citizen Kane, Rashomon, Hero*).

Mosaik von Fragmenten

Filme, die polyperspektivisch erzählen, können die unterschiedlichsten Menschen (in Bezug auf Alter, Herkunft, soziale Schicht, ethnische Zugehörigkeit, Religion usw.) zusammenbringen, was in einer konventionell und stringent erzählten Handlung nicht möglich wäre. Jede einzelne Figur in diesen Filmen nimmt wie auch der Zuschauer in seinem Leben nur einen Ausschnitt einer komplexen Wirklichkeit wahr und ist selbst auch nur ein kleiner Teil davon. Dies macht die Relativität von Wahrheit bewusst; gleichzeitig ergibt sich aus der Zusammenschau der vielen Fragmente und Facetten in einem polyperspektivisch erzählten Film aber ein Mosaik, das etwas von der Gesamtheit der Welt aufscheinen lässt. Auf die Realität geht man hier nicht direkt zu, sondern in kreisenden Bewegungen, in der Hoffnung, ihr damit näher zu kommen. Dies gelingt allerdings nur, wenn die verschiedenen Perspektiven nicht einfach nur addiert werden, sondern wenn das Ganze mehr ist als die Summe seiner Teile. Eine Voraussetzung dafür ist, dass ein zumindest unterschwelliger Zusammenhang zwischen den Figuren existieren muss. Eine Verbindung der einzelnen Bruchstücke ergibt sich aus einer Kombination inhaltlicher, thematischer und stilistischer Elemente, so z. B. durch

Zusammenhang zwischen den Figuren

- ein Leitmotiv* (z. B. Taxifahrten in *Night on Earth*),
- einen Ort mit besonderen Eigenschaften (z. B. *Fellinis Roma*),
- eine gemeinsame (oft schmerzliche) Erfahrung der Figuren (*Magnolia*),
- ein Interesse, eine Leidenschaft, welche die Figuren teilen (*Coffee and Cigarettes*),
- eine Atmosphäre (*Night on Earth*).

Eigene Aktivität beim Zuschauer

Polyperspektivisches Erzählen fordert dem Zuschauer viel eigene Aktivität ab, weil er nicht durch eine dominierende Perspektive gelenkt wird. Er muss Beziehungen zwischen den verschiedenen Stimmen herstellen, das Verbindende erkennen. Deshalb findet man es von Ausnahmen abgesehen (*Tatsächlich...Liebe*) kaum im Mainstream*, sondern vor allem in Autorenfilmen (▶ Info Seite 13) wie *L. A. Crash*, der 2006 überraschend den Oscar für den besten Film und das beste Originaldrehbuch gewann.

Filmbeispiel L. A. Crash

Wahl der Figuren, ein gesellschaftlicher Querschnitt

Auch *L.A. Crash* ist kein linear erzählter Film. (▶ Abb. 23, Seite XII) Er entwickelt seine Themen (Isolation und Einsamkeit des Individuums, gestörte Kommunikation, Rassismus und Gewalt in der wuchernden Metropole Los Angeles) durch sechs vernetzte Handlungsstränge und an zehn Figuren, die einen repräsentativen Querschnitt des sozialen Kosmos der Bevölkerung darstellen: Afroamerikaner, Weiße, Hispanics, ein Amerikaner iranischer Abstammung; darunter Polizisten, Autodiebe, eine Ärztin, ein Fernsehregisseur, ein Ladenbesitzer. Am Beginn steht ein Autounfall („crash"), der das titelgebende Motiv des Films einführt. In Rückblenden* schildert er die dem Unfall vorausgegangenen 36 Stunden im Leben seiner Figuren. Dabei ist es ein Reigen gewaltsamer Zusammenstöße und unglücklicher Zufälle, welcher die Figuren aufeinander treffen lässt. Das Bild vom „crash" ist deshalb auch im übertragenen Sinn zu verstehen, was schon aus dem Anfangsmonolog des Detective Graham Waters deutlich wird: „In L. A. nobody touches you. We're always behind this metal and glass. It's the sense of touch. I think we miss that touch so much that we crash into each other just so we can feel something." In all seinen Haupt- und Nebenlinien zeigt der Film differenziert immer wieder genau dies: dass die Menschen sich nicht mehr berühren und deshalb ineinander rasen, um überhaupt noch etwas zu spüren. Die Stimmung in der Stadt ist aufgeladen, Wut und Verzweiflung sind die vorherrschenden Gefühle im unübersichtlichen Schmelztiegel Los Angeles, der seine Bewohner extrem entfremdet und überfordert. Der Vertrauensverlust schlägt sich im Fremdenhass nieder, im alltäglichen Rassismus, der zu einem Mittel wird, um eine vermeintliche Ordnung im Chaos herzustellen. Die vielen Perspektiven bezeugen stets die stereotypen Bilder, die der eine sich vom anderen macht und welche die sozialen Beziehungen vergiften. Die kalifornische Megacity ist dabei eine Metapher für alle Orte, an denen der „Cultural Clash" eine Spirale der Gewalt bewirkt. Die Bündelung der Perspektiven ergibt eine Intensität des Eindrucks, der der Zuschauer sich nicht entziehen kann. *L. A. Crash* ist als Mahnung zum Innehalten zu verstehen, als Aufruf zur Toleranz, der auch Spuren von Hoffnung enthält wie mit dem am Ende eingespielten Song „Maybe Tomorrow" von den Stereophonics.

Leitmotiv „crash"

9.2.3 Realismus

Ungeschönte Darstellung von Wirklichkeit

Die Bezeichnung Realismus* wird im Verlauf der Filmgeschichte immer wieder für ein kritisches, engagiertes Kino verwendet, das die Wirklichkeit ungeschönt darstellt. Da es eine unvermittelte Darstellung von Realität aber nicht geben kann (siehe oben), ändert sich die Formensprache des Films, der als tatsächlich „realistisch" angesehen wird (im Gegensatz zum naiven Realismus vieler Mainstream-Produkte), im Laufe der Zeit. So galten unter dem Einfluss des italienischen Neorealismus jahrzehntelang die Verwendung von schwarzweißem Filmmaterial, harte Hell-Dunkel-Kontraste, die Dominanz der Bildkomposition* über die Montage und die Bevorzugung von Totalen als Belege für Authentizität, heutzutage jedoch eher ein ungekünstelter Low-Budget-Look. Es handelt sich allerdings nur um unterschiedliche Formen der Opposition gegen das Illusionskino Hollywoods (▶ Info Seite 100). Die meisten Formen des Realismus weisen deshalb bestimmte Gemeinsamkeiten auf

Opposition gegen Illusionskino

- ein künstlerisches Reinheitsgebot (in Abgrenzung zum Illusions- und Unterhaltungskino),
- eine Hinwendung zu sozialen Problemen wie Armut, Arbeitslosigkeit, Vertreibung, Drogensucht,
- eine Beschäftigung mit alltäglichen Menschen, mit Außenseitern und Benachteiligten,
- den Wunsch, die wahren Verhältnisse zu enthüllen, die Absichten der Mächtigen zu entlarven,
- das Streben nach inszenatorischer Härte.

Neorealismus: Eine international einflussreiche Bewegung des italienischen Films, deren wichtigste Werke in den vierziger und fünfziger Jahren entstanden (*Rom – offene Stadt*, *Fahrraddiebe*, *Bitterer Reis*). Der Neorealismus wird von einem antifaschistischen und sozialkritischen Interesse getrieben und konnte sich erst nach dem Ende des Mussolini-Regimes und des Zweiten Weltkriegs voll entfalten. Die Figuren, die er präsentiert, sind von ihrem sozialen Umfeld geprägt. Die Handlung der Filme ist oft in der Provinz angesiedelt und zeigt den Alltag und den Überlebenskampf einfacher Menschen. Er verbindet seinen dokumentarisch anmutenden Stil in vielen Fällen auch mit Elementen aus Thrillern, Melodramen und Erotikfilmen. Die Bedeutung des Neorealismus besteht vor allem darin, dass er mit seiner kompromisslosen Wahrheitssuche und seinem politischen Engagement dem Kino nachhaltig neue Möglichkeiten eröffnet hat.

Dogma 95

Eine enorme Wirkung hatte ein Manifest der „Dogma-Bewegung", das die dänischen Regisseure Lars von Trier und Thomas Vinterberg 1995 veröffentlichten. Darin definieren sie im Prinzip das Programm für einen Realismus im Film, das in der Folge Vorbildcharakter gewann. Dieses „Keuschheitsgelübde" enthält zehn Grundsätze für ein Kino der Einfachheit und der dokumentarischen Direktheit:

1. Dreharbeiten nur „on location" (ohne herbeigeschaffte Requisiten und Szenenbilder),
2. Film und Ton werden nur zusammen produziert,

3. Dreharbeiten nur mit der Handkamera*,
4. nur Farbe und natürliches Licht,
5. keine optische Bearbeitung und Filter,
6. keine oberflächlichen Reize, keine Gewaltdarstellungen,
7. Handlung nur im Hier und Jetzt (keine historischen Stoffe und exotischen Schauplätze),
8. kein Genrefilm,
9. als Filmformat nur Academy 35 (entspricht dem heutigen TV-Format),
10. der Regisseur wird nicht genannt.

Improvisation

Die wichtigsten dieser Regeln sollen ein Höchstmaß an Authentizität gewährleisten, damit soviel Wirklichkeit wie möglich unverwässert und unverfälscht eingefangen wird. Alle Beteiligten (Schauspieler, Kameraleute usw.) sind aufgefordert, am Drehort zu improvisieren. Grundsätzlich wird Wahrheit für etwas gehalten, das sich spontan im Moment offenbart und durch zuviel Vor- und Nachbereitung wieder verlorengehen kann. Dieser Realismus leugnet deshalb auch nicht sein hohes Maß an Subjektivität. Dies unterstreicht der Gebrauch der tragbaren Videokamera, durch die der Zuschauer noch die spontanen Entscheidungen am Drehort nachvollziehen kann (während die Kamera in den meisten anderen Filmen unauffällig bleibt). Die Handkamera folgt dem Geschehen, bleibt auch in beengten Räumen leistungsfähig und wirft einen menschenähnlichen Blick auf die Welt. Gerade weil Subjektives nicht verschleiert wird und weil der Apparat, mit dem man sieht, immer im Bewusstsein bleibt, entsteht Glaubwürdigkeit.

Subjektivität

Glaubwürdigkeit

Die Dogma-Bewegung wurde häufig als zu missionarisch kritisiert. Ihr wurde auch vorgeworfen, sie fördere mythenarme Filme und sei eigentlich nur ein Vermarktungsinstrument. Dennoch erwies sie sich international als einflussreich, und so wie Vinterberg und von Trier selbst frei mit ihren Regeln umgingen, ist es der Geist und nicht der Buchstabe des Manifests, der in Filmen anderer wie *Traffic* oder *Halbe Treppe* erkennbar ist.

Filmbeispiel: Das Fest

Das Allgemeine im Individuellen

Das Fest ist die Feier zum 60. Geburtstag des wohlhabenden Hoteliers Helge Klingenfeld, der bei dieser Gelegenheit Familie und Gäste um sich sammelt, um auch zufrieden Bilanz über ein erfolgreiches Leben zu ziehen. (▶ Abb. 24, Seite XII) Die Idylle findet aber ein abruptes Ende, als der älteste Sohn Christian in seiner Festansprache den Vater beschuldigt, ihn und seine Zwillingsschwester in der Kindheit missbraucht und die Schwester so in den Selbstmord getrieben zu haben. Thomas Vinterbergs Film ist damit sowohl dramaturgisch wie auch thematisch ein typisches Beispiel für einen kritischen und engagierten Realismus*. Im Zentrum der Handlung steht eine Enthüllung: Schonungslos wird eine Fassade zerstört und dahinter eine schwer zu ertragende Wahrheit entblößt. Im Individuellen sucht *Das*

Fest aber das Allgemeine; der Film kann auch als Porträt einer Gesellschaft gesehen werden, in der sexuelle Gewalt nur Ausdruck eines Systems von Machtausübung über Schwächere ist. Die Geburtstagsfeier führt Figuren zusammen, die dies auf unterschiedliche Weise demonstrieren: Mette, die Ehefrau des jüngeren Sohns Michael, das Dienstmädchen Michelle, Gbatokai, den afrikanischen Freund der jüngeren Schwester Helene. Auch erweist sich die Gesellschaft als unfähig zur echten Einsicht und moralischen Aufarbeitung. Verdrängung und Abwehr lauten die Reaktionen, solange sich noch etwas leugnen lässt.

Gesellschaftskritik

Um eine möglichst intensive Wirkung zu erzielen, baut der Film in Entsprechung zu mehreren der Dogma-Regeln kaum Schranken zum Zuschauer auf. Zu hören ist nur der Originalton, Musik gibt es ausschließlich solche, die am Schauplatz selbst als Teil der Feier erzeugt wird. Unschärfen, sprunghafte Montage, unruhige und wackelige Kameraführung mit scheinbar willkürlichen Schwenks, direkt in die Kamera blickende Gesichter ergeben einen Eindruck, als wäre man selbst bei Nachbarn oder Freunden eingeladen, um das letzte Homevideo gemeinsam anzusehen. So kann der Zuschauer einerseits nicht vergessen, dass er einen Film sieht, kann nicht zum reinen Genießer einer illusionären Wirklichkeit werden; andererseits ist es unmöglich, sich dem Sog dieser Bilder nicht entziehen, dem Gefühl von intimer Nähe, die auch zur Stellungnahme zwingt. Das Unruhige des Stils, das Tempo, mit dem die Handkamera die Schauspieler durch Gänge und über Treppen verfolgt, überträgt sich auf den Betrachter und lässt ihn ebenso atemlos wie Christian auf eine Entscheidung hoffen. Besonders die dreifache Parallelmontage mit Christian, Helene und Michael am Beginn ruft eine fast unerträgliche Anspannung hervor.

Homevideo-Effekt

All dies ist allerdings künstlerisch wohlkalkuliert, weit über die reine Improvisation hinaus. Die Wirklichkeit, wie der Film sie sieht, wird in ausdrucksstarken Bildern verdichtet. So ist das Anwesen der Klingenfelds auf dem Land von Beginn an als Gefängnis inszeniert. Anfänglich dominieren Architekturaufnahmen aus ungewöhnlichen Winkeln, die das Gebäude und das Treppenhaus durch Stäbe von Torgittern und Treppengeländern zeigen und so Panik, Schwindelgefühle, Angst vor dem Eingesperrtsein vermitteln. Hier lassen sich Anklänge an Psychothriller wie *Rebecca* erkennen, also an Genre-Filme – eigentlich ein Tabu unter der Maßgabe des Dogma-Manifests. Die Erzählung bietet an solchen Stellen auch Anlass zu Zweifeln an der geistigen Gesundheit der Klingenfeld-Kinder und wird dabei unzuverlässig. Weiterhin deutet der Sarkasmus, mit dem die Handlung stellenweise unterlegt ist, auf einen freien Umgang mit den Konventionen des Realismus* hin. Dramaturgisch ist *Das Fest* zudem eindeutig als mythische „Reise des Helden" konzipiert (▶ vgl. Kap. 1.1, Seite 8), allerdings in Verbindung mit einem sehr differenzierten psychologischen Realismus. Christian ist durch

Psychothriller

Unzuverlässiges Erzählen

mehr als eine flache Backstorywound* motiviert. Aber wie viele andere Filmhelden muss auch er zunächst in eine Nachtwelt hinabsteigen (hier der Keller des Hauses), bevor sein Abenteuer richtig beginnt. In traumartigen Szenen wird die tote Schwester Linda zur Mentorin für Christian und Helene und lässt ihnen eine Gabe zukommen (den Brief). Am Ende erfährt Christian wiederum in einer nächtlichen Szene durch sie Gewissheit, dass er seinen Kampf gegen den Widersacher Helge erfolgreich bestanden hat und ins Leben zurückkehren darf.

Fragen für einen ersten Zugang: Realität und Illusion

- Wurde die Wirklichkeit, die der Film zeigt, digital manipuliert? Falls dies zutrifft: In welchem Umfang ist dies geschehen? Inwiefern hat der Zuschauer die Möglichkeit, Art und Ausmaß der Manipulationen zu beurteilen?
- Inwieweit wurde die Wirklichkeit auf „herkömmliche" Weise nachbearbeitet (durch die Montage, Musik aus dem „Off" usw.) ?
- Verschleiert der Film seinen fiktionalen Charakter oder geht er offen damit um? Wodurch geschieht das eine bzw. das andere?
- Gibt es Unstimmigkeiten in dem Film, die den Zuschauer am Wahrheitsgehalt der Erzählung zweifeln lassen?
- Welcher Art sind eventuell vorhandene Unstimmigkeiten?
- Ist das Medium Bild bzw. Film selbst in dem Film thematisiert? Wird die Vertrauenswürdigkeit des Mediums erschüttert?
- Falls der Film multiperspektivisch erzählt: Worin besteht das Element, das die Perspektiven verbindet?
- Wie ausgeprägt ist der Realitätseffekt? Wodurch entsteht er?
- Gibt es eine Hinwendung zu sozialen Problemen, die über den Realitätseffekt hinausgeht?
- Gibt es „harte" Authentizitätssignale, z.B. durch Beachtung von Regeln aus dem Dogma-95-Manifest?

Aktivität 1

Aktivität

Viele Filme verändern sich heutzutage im zeitlichen Verlauf ihrer Verwertungskette (Kino-Einsatz – DVD-Verleih –DVD-Verkauf – Pay TV – Free TV – Special Editions, DeLuxe- und Remastered-Versionen usw.). Mitunter gibt es auch noch spezielle Fernsehfassungen mit starker Überlänge wie bei *Das Boot*. Das Grundprinzip der Vermarktung im Kino und durch die DVD ist die Anreicherung: Jede Stufe der Vermarktung bietet gegenüber den vorhergehenden etwas Zusätzliches oder Neues. Das private Fernsehen kürzt hingegen Filme, um sie in ihr Programmschema einzupassen und um Jugendschutzauflagen gerecht zu werden. Ein Film wird so zu einem „medialen Bastelset" (Georg Seeßlen), das an die Stelle des früheren künstlerischen „Originals" tritt.

- Wählen Sie einen Film und vergleichen Sie verschiedene Versionen, z. B. in Bezug auf Länge, Handlungsverlauf, Ton, Bildformat, Altersfreigabe, geschnittene Szenen und anderes Zusatzmaterial auf DVDs. Stellen Sie fest, wie sich Wirkung und Aussage des Films verändern.
- Beurteilen Sie, inwiefern sich die Wandelbarkeit auf die Glaubwürdigkeit des Films auswirkt.
- Häufig wird behauptet, dass Filme erweitert werden, um endlich die „wahre und unverfälschte" Fassung zur Verfügung zu stellen. Überprüfen Sie solche Behauptungen am konkreten Beispiel.
- Erörtern Sie, ob der Zuschauer durch die Fülle der Fassungen mehr Möglichkeiten zur eigenen Teilhabe am Kunstwerk Film hat, wie dies häufig behauptet wird.

Aktivität 2

Rufen Sie sich Filme in Erinnerung, von denen Sie meinen, Sie würden die gesellschaftliche Realität, die Sie kennen, gelungen widerspiegeln. Überlegen Sie dann, worauf dieser Eindruck beruht, z. B. auf

- der Thematik und Problemstellung,
- der Figurendarstellung,
- den Dialogen,
- den Handlungsorten,
- der Kameraführung.

Betrachten Sie in gleicher Weise Filme, die sich um wirklichkeitsnahe Darstellung besonderer Milieus bemühen. Als Beispiele eigen sich etwa *Halbe Treppe*, *Willenbrock* und *Lichter* aus Deutschland, *Esmas Geheimnis – Grbavica* (Bosnien) oder *Reise nach Kandahar* (Iran/Afghanistan). Haben Sie das Gefühl, dass diese Filme Ihnen die Realität von Menschen authentisch vermitteln, selbst wenn Ihnen die Welt, in der sie leben, fremd ist?

10 Analyse unter Einbeziehung der Entstehungsbedingungen von Film (Kontexte)

Die bisherigen Kapitel dieses Buches waren überwiegend der Formanalyse von Filmen gewidmet. Damit sollte ein Basisverständnis für Besonderheiten des Mediums geschaffen werden, zugleich eine sichere methodische Grundlage für die Arbeit mit Spielfilmen unterschiedlicher Art. Für einen rein strukturalen Ansatz wird ein Film nur auf sich selbst reduziert; man befreit ihn von allem, was von außen auf ihn einwirkt und auf was er selbst Einfluss ausübt. Filme stehen allerdings nicht im luftleeren Raum. Sie werden von Menschen gemacht und von anderen gesehen, sie sagen etwas über den Zustand einer Gesellschaft aus, erinnern uns an andere Filme usw. Das Erkenntnisinteresse erschöpft sich deshalb nur selten in der reinen Strukturanalyse. Diese soll kein Selbstzweck sein, sondern einer umfassenderen Beschäftigung mit Filmen dienen. Aus diesem Grund wurden in den vergangenen Abschnitten an geeigneten Stellen immer wieder „Kontexte" einbezogen, also Bezüge zur Welt, in welche Filme eingebettet sind. Insbesondere trifft dies auf die Kapitel „Genre" und „Realität und Illusion" zu sowie auf mehrere der Beispielanalysen. In der Filmwissenschaft gibt es nun neben den rein an der Strukturanalyse interessierten Untersuchungsansätzen zahlreiche andere, die ihr Augenmerk auf die Bedingungen und Einflüsse richteten, unter denen Filme entstehen. Man kann sie grob in vier Kategorien einteilen, je nach dem Gegenstand, der ihren Forschungsschwerpunkt bildet und von dem sie ihre Untersuchungsmethoden herleiten: soziohistorische, produktionsorientierte, zuschauerbezogene und auf Intertextualität bezogene Ansätze. Die Übergänge zwischen diesen Ansätzen sind dabei fließend, auch zwischen den strukturalen und den kontextorientierten. So stellt die Dekonstruktion (▶ Info Seite 94) den einzelnen Film ins Zentrum, sucht darin aber auch häufig nach Einflüssen durch andere Texte, Filme usw. Im Allgemeinen ist es bei der Fülle möglicher Fragestellungen ohnehin nicht sinnvoll, sich bei der Filmanalyse nur auf eine Art des Zugangs zu beschränken. Zu bevorzugen ist hingegen ein Methodenpluralismus, was bedeutet, dass man sich im konkreten Fall entscheidet, welcher Ansatz und welche Methoden erfolgversprechend sind. Dies steht nicht im Widerspruch zu einem planvollen und reflektierten Vorgehen. Bei einigen Methoden wird man es allerdings nicht umgehen können, sich zusätzliche Kenntnisse anzueignen, etwa wenn man einen Film psychoanalytisch oder soziologisch interpretieren will.

Methodenpluralismus

Psychoanalyse

10.1 Produktionsbezogene Ansätze

Die Filmanalyse kann sich in sehr unterschiedlicher Weise mit der Frage befassen, wie und unter welchen Bedingungen ein Werk entsteht. Dabei haben Ansätze, welche sich mit einem individuellen Urheber beschäftigen und in dessen Biografie und Persönlichkeit nach Gründen forschen, verhältnismäßig wenig Bedeutung, und zwar bestenfalls im Zusammenhang mit einigen herausragenden Regisseuren wie Stanley Kubrick, die überdurchschnittlich viel Kontrolle über einzelne Filme ausüben konnten. Dabei werden häufig Methoden der Psychoanalyse im Sinne der Lehren von Sigmund Freud angewendet. Man sieht im Film einen Verwandten des Traums und meint, durch ihn einen Zugang zum Unterbewusstsein dessen zu finden, der ihn hervorgebracht und darin Spuren unterdrückter Sexualphantasien, verdrängter Erlebnisse, frühkindlicher Prägungen, Neurosen usw. hinterlassen hat. Meistens benötigt man für diese Art des Zugangs, bei der man einen Regisseur quasi „auf die Couch legt", zusätzlich zum Film persönliche Aussagen aus Tagebüchern und Interviews. Besonders geeignet sind dafür Filme, welche mit Traumsymbolen und ganzen Traumsequenzen arbeiten wie *Wilde Erdbeeren*, *Vertigo* oder *Eyes Wide Shut*. *Wilde Erdbeeren* erweist sich dann als Form der Auseinandersetzung des Regisseurs Ingmar Bergmann mit seinem Elternhaus. Der Nachteil solcher Analysen liegt darin, dass sie oft sehr schematisch sind. Außerdem erschöpfen sie sich leicht in der Erforschung des „Triebschicksals" einer einzelnen Persönlichkeit. Andererseits können sie durchaus auch den Interpreten anregen, eigenen unverstandenen Erfahrungen und Wünschen auf neue Weise zu begegnen.

Das kollektive Unbewusste

Von größerer Bedeutung für die Filmanalyse sind psychoanalytische Modelle wie dasjenige von C. G. Jung, die sich nicht mit einem individuellen, sondern mit dem „kollektiven Unbewussten" beschäftigen und versuchen „Archetypen" aufzuspüren. Darunter sind Bedeutungsmuster zu verstehen, in denen zeit- und kulturübergreifende Erfahrungen der Menschheit zum Ausdruck kommen und die der Theorie Jungs zufolge sich symbolhaft in Träumen, Mythen und künstlerischen Werken offenbaren. Das Pferd, um ein Beispiel zu nennen, ist ein Archetyp, der die urtümliche Instinktsphäre des Menschen verkörpert, die nun domestiziert ist und vom Bewusstsein dominiert wird, sich aber in Erregungszuständen ausleben kann. Assoziationen zu einem Film wie *Der Pferdeflüsterer* sind bei dieser Beschreibung naheliegend. Darin wird nicht nur ein traumatisierter und nervöser Vierbeiner geheilt, auch zivilisationsmüde Großstädter lernen wieder, mit ihren natürlichen Instinkten in Einklang zu leben.

Genre und Psychoanalyse

Weiterhin arbeiten auch Filmwissenschaftler, die sich vor allem auf die Untersuchung von Genres und von Star-Images konzentrieren, häufig mit Methoden der Psychoanalyse. In diesem Fall besteht die Auffassung, dass es ein „kulturelles Unbewusstes" gibt, welches sich im Unterschied zu Jungs „kollektivem Unbewussten" laufend verändert. Es ist historischen Wandlungen unterworfen wie die Genres und Star-Persönlichkeiten des Films, die es verkörpern. Dieses kulturelle Unbewusste ist einerseits repressiv, was heißt, dass es die freie Entfaltung der Persönlichkeit behindert, etwa durch neurotische Hemmungen oder tief verwurzelte Angst- und Schuldgefühle. Andererseits ist es subversiv und verstörend, arbeitet also der Unterdrückung seiner berechtigten Impulse entgegen. Diese Widersprüchlichkeit kennzeichnet deshalb auch viele Genre-Produkte wie z. B. die Art von Melodramen, die Frauen ein schlechtes Gewissen machen, wenn sie sich nicht in überkommene Rollenbilder fügen, die sich zugleich aber gegen die Vorherrschaft der kalten männlichen Vernunft und der Gefühlsfeindlichkeit auflehnen.

Film und Medienindustrie

Zu den produktionsorientierten Ansätzen gehören auch diejenigen, die sich mit dem Film als Erzeugnis der Massenkultur beschäftigen. Die globalisierte Medienindustrie der Gegenwart mit ihrer kleinen Anzahl von marktbeherrschenden Konzernen (Oligopolen) wie NBC Universal, Sony Pictures etc., Time Warner, Viacom und Walt Disney Company setzt die Rahmenbedingungen, unter denen Filme entstehen. Diese gehorchen weitgehend den Grundsätzen der Warenproduktion und der Gewinnmaximierung. Damit die immensen Investitionen, die durch Infrastruktur, Marketing und Produktion entstehen, wieder eingespielt werden, bemüht man sich darum, Risiken zu mindern und Kosten zu sparen. Dies bedeutet, dass in der Praxis bei kommerziellen Produktionen meistens auf standardisierte Erzählmuster gesetzt wird, was sich wiederum als massive Einschränkung der Kreativität von Filmschaffenden äußert. Auch der Umstand, dass die großen Konzerne heutzutage nicht nur die Filme produzieren, sondern gleichzeitig durch den Besitz von Kinoketten, Fernsehsendern und Kabelnetzen den Vertrieb selbst besorgen, ist von Bedeutung.

Für die Filmanalyse ergeben sich daraus eine Fülle von interessanten Fragestellungen: Wie müssen sich Produzenten auf die Umgebung einstellen, in der Filme heute meistens vorgeführt werden, also die Cineplex-Kinos mit ihrer aufwendigen Architektur und ihrem gestylten Ambiente? Wie verändert sich ein Film in verschiedenen Vermarktungsstufen (z. B. von der Kinofassung für Europa zur DVD-Version für Indien, dann wieder zur Deluxe-Ausgabe mit zusätzlichen Szenen und dem Director's Cut)? Wie werden Zielgruppen und Markenimages von Produktionsfirmen wie Disney geschaffen? Wie kommen diese in einem Film zum Tragen? Kann ein für den globalen Markt produzierter Film sich glaubwürdig mit lokalen Problemen auseinandersetzen (z. B. mit afrikanischen wie *Die Dolmetscherin*, *Der Ewige Gärtner* und *Blood Diamond*)? Besonders wichtig ist die Beurteilung der Frage, inwieweit sich die Gesellschafts- und Medienkritik in Filmen wie *Matrix* und *Die Truman Show* mit der Tatsache verträgt, dass sie selbst unter den industriellen Bedingungen Hollywoods entstanden. Oder anders herum formuliert: Wie gelingt es trotz allem immer wieder, kritische Gedanken in Filme wie *Matrix* und *Die Truman Show* einzuschmuggeln?

Technologie Ein weiteres Feld der produktionsorientierten Analyse betrifft die Technologie, die bei der Herstellung von Filmen eingesetzt wird. Die ständige Einführung technologischer Neuerungen ist einer der Hauptantriebsmotoren von Veränderungen in der Filmindustrie. Das Breitwandformat, digitale Spezialeffekte, die Handkamera, die DVD usw. haben jeweils zu ihrer Zeit neue Möglichkeiten eröffnet. Auffällig ist auch die Tatsache, dass in diesem Bereich die Vorherrschaft der Männer besonders groß ist. So gibt es kaum Frauen unter den Kameraleuten, was nicht ohne Konsequenzen bleiben kann. Die Verfügung über kostspielige Technologie ist außerdem eines der Hauptinstrumente, mit deren Hilfe sich die globalen Medienkonzerne ihre Marktstellung sichern. Zwar werden die besten Filme oft nur mit einfachen Mittel gemacht, andererseits haben es kleine und lokale Produzenten damit schwer, sich einen Zugang zu größeren Märkten zu sichern. Beim Autoren- und Independentfilm (▶ Info Seite 13 und 14) schließlich gilt der Verzicht auf Hightech oft als Indiz für eine ehrliche Haltung und als Beweis dafür, dass der Zuschauer nicht manipuliert werden soll. Die bei einem Film eingesetzte Technologie ist also in vielerlei Hinsicht ein Faktor, der für seine Beurteilung wichtig ist.

Zensur Unter den Faktoren, die im Entstehungsprozess von Filmen eine Rolle spielen, ist noch die „Zensur" hervorzuheben. Das Kino musste von Beginn an mit dem Verdacht leben, es stifte Unruhe und gefährde die Grundlagen der Moral. Die Filmproduktion unterliegt deshalb fast immer gesellschaftlich verordneten oder selbstauferlegten Beschränkungen. Dabei kann es sich im extremen Fall um staatliche Eingriffe, wie z. B. im Iran oder in China, handeln, welche politische Kritik und die Darstellung sozialer Missstände verhindern sollen. Aber auch in demokratischen Gesellschaften üben Behörden, Kirchen und Verbände Druck auf das Filmschaffen aus, meistens in der erklärten Absicht, auf diese Weise Gefahren von der Öffentlichkeit abzuwenden, die etwa durch die ungehinderte Darstellung von Gewalt und Sexualität auf der Leinwand entstehen könnten. Dies führte auch zur Einführung von Systemen der freiwilligen Selbstkontrolle wie dem Motion Picture Production Code, mit denen die Filmindustrie Eingriffen von außen vorbeugen wollte. In den USA wirkt sich heute außerdem die Rücksichtnahme auf die Geschäftspolitik großer Einzelhandelskonzerne, welche einen Großteil aller DVDs umsetzen, erheblich auf die Inhalte von Filmen aus. Allein der Einfluss des Discount-Giganten Wal-Mart mit seiner konservativen Firmenphilosophie bietet der Filmanalyse ein interessantes Betätigungsfeld. Schließlich muss die sprichwörtliche „Schere im Kopf" in diesem Zusammenhang erwähnt werden. Dabei handelt es sich um einen Selbstschutzmechanismus, der Filmschaffende unbewusst davon abhält, sich mit heiklen Themen auseinander zu setzen. So ist im Anschluss an Vorfälle wie die Ermordung des holländischen Filmemachers Theo van Gogh durch einen

Islamisten im Jahre 2004 eine auffällige Zurückhaltung bei der kritischen Darstellung religiös motivierter Gewalt zu beobachten.

Info

Motion Picture Production Code: Ein Regelwerk, das zwischen 1930 und 1960 maßgeblich die inhaltliche und visuelle Gestaltung von in Hollywood hergestellten Filmen bestimmte. Der auch Hays Code (nach William H. Hays, dem Präsidenten des Dachverbandes der Filmindustrie MPPDA) genannte Katalog wurde in weiten Teilen von einem katholischen Verleger und einem Priester verfasst. Um seine Einhaltung sicherzustellen, gründete die MPPDA eine eigene Zensurbehörde, das Hays Office, dem alle Drehbücher und fertigen Filme zur Begutachtung vorgelegt werden mussten, bevor sie in die Kinos gelangen konnten. Der Production Code sollte den Geist christlicher Moral verkörpern und damit Hollywoods Ansehen verbessern, das durch einige Skandale in den zwanziger Jahren gelitten hatte. Er schrieb bis ins Detail vor, was auf der Leinwand akzeptiert wurde. Alles war darauf abgestellt, die Entstehung „gefährlicher Emotionen" im Publikum zu vermeiden und den Respekt vor staatlichen und religiösen Institutionen zu bewahren. So durften z. B. Geistliche nicht als komische Charaktere oder als Schurken präsentiert werden. Sexuelle Leidenschaft und bestimmte Handlungen wie außerehelicher Sex und „unreine Liebe" musste grundsätzlich als abstoßend und sündhaft präsentiert werden. Einige Straftaten wie Drogenhandel und -konsum waren von der Darstellung ausgeschlossen, um niemanden zur Nachahmung anzuregen. Vor allem in der Anfangsphase des Production Code und in seiner Spätphase wurden seine Regeln in vielen Einzelfällen erfolgreich umgangen, etwa in Gangsterfilmen wie *Scarface* (1932) und in Beispielen des Film Noir (▶ Info Seite 24). Vielfach wirken die Filme der „klassischen" Phase des Hollywood-Kinos aber steril, weil die Produzenten sich nicht nur an die engen Grenzen des Codes hielten, sondern diesen durch vorauseilenden Gehorsam oft noch übererfüllten.

10.2 Soziohistorische Ansätze

Marxistische Perspektive

Die als soziohistorisch bezeichneten Ansätze der Filmanalyse richten ihre Aufmerksamkeit besonders auf den geschichtlichen, politischen und gesellschaftlichen Hintergrund und seinen Einfluss auf bestimmte Eigenschaften eines Films oder eines Genres. Solche Verfahren sind allerdings nur sinnvoll, wenn ihnen eine fundierte Vorstellung davon zugrunde liegt, wie die Gesellschaft funktioniert und aus welchen Gründen sie sich verändert. Das einflussreichste Erklärungsmodell war dabei über lange Zeit das marxistische, welches aber in die Krise geriet, weil es u. a. zu sehr auf eine „richtige" Deutung abzielte und damit den Interpreten gängelte. An seine Stelle sind inzwischen eine Reihe von neueren Theorien getreten, die in unterschiedlichen Zusammenhängen sehr hilfreich sind, um zu begreifen, was Film und Gesellschaft verbindet. Dazu gehören die Kultursoziologie von Pierre Bourdieu und weiterhin alle Modelle, die den aktuellen Medienwandel beschreiben und seinen Einfluss auf die Art, wie Menschen heute Realität wahrnehmen (▶ vgl. Kap. 9, Seite 98 f.). Auch die Globalisierung (verstanden als raum-zeitliche Verdichtung der Lebenszusammenhänge auf unserem Planeten) ist ein Phänomen, dessen Verständnis bei der Analyse zahlreicher Filme hilfreich ist. Immer häufiger thematisieren Filme am Anfang des 21. Jahrhunderts weltweite Verflechtungen und Abhängigkeiten und wechseln zwischen Schauplätzen auf verschiedenen Kontinenten, was oft wiederum Auswirkungen auf die Erzählstruktur hat wie bei *Babel*. Die Globalisierung treibt überdies die wechselseitige Durchdringung filmischer Traditionen, Genres usw. aus verschiedenen Ländern laufend voran.

Globalisierung

Info

Kultursoziologie: Zuschauer interessieren sich meistens besonders für das soziale Zusammenleben der Figuren in einem Film, für Beziehungen, Hierarchien, das Ringen um Einfluss und Macht. Für die Analyse des sozialen Raums und der Gruppenprozesse in Filmen erweist sich das Modell des französischen Kultursoziologen Pierre Bourdieu (*1930) als äußerst nützlich. In seinem Buch *Die feinen Unterschiede* (1979) verwendet er den Begriff der „Kapitalstruktur" zur Beschreibung der Faktoren, welche die Stellung des Individuums in der Gesellschaft bestimmen. Unter Kapital sind hier nicht nur materielle Werte zu verstehen wie Geld, Wertpapiere, Immobilien usw. Bourdieu unterscheidet darüber hinaus kulturelles Kapital (Bücher, Gemälde, aber auch die gesamte Bildung, die ein Mensch im Lauf des Lebens erworben hat, sein Sprachvermögen) sowie soziales (Beziehungen, Freundschaften, nützliche Kontakte), symbolisches (Ansehen, Autorität, Ehre) und körperliches (Schönheit, Gesundheit, Attraktivität, Muskelkraft usw.). Die Zusammensetzung des Kapitals, über das ein Mensch verfügt, ergibt seine individuelle Kapitalstruktur. Filmfiguren als „Wunschmaschinen (▶ vgl. Kapitel 1) versuchen nun in viel stärkerem Maß als Leute im wirklichen Leben Ziele zu erreichen, was in Bourdieus Sinn heißt: ihr Kapital zu vermehren und ihre Kapitalstruktur so zu verändern, dass ihre gesellschaftliche Stellung sich verbessert. Einen Film kann man somit als ein Spiel auffassen, in dem die Akteure am Anfang mit einem bestimmten Kapital ausgestattet sind, welches sie im Verlauf der Handlung einsetzen. Dabei werden sie teils von persönlichen und teils von gesellschaftlich vorgegebenen Idealvorstellungen geleitet. Tatsächlich sind im Film Menschen überrepräsentiert, die über ungewöhnlich viel Kapital von einer Art verfügen, vor allem körperliches, und die danach streben, soziales Kapital (Liebe, Freiheit) und materielles (Reichtum) zu erwerben.

Ausdifferenzierung

Individualisierung

Von besonderem Interesse für die Analyse zeitgenössischer Filme sind außerdem soziologische Modelle, deren Gegenstand die Prozesse der Ausdifferenzierung, Pluralisierung und Individualisierung in der Moderne sind. Damit ist z. B. gemeint, dass aus ursprünglich nur einer Handvoll von Wissenschaften inzwischen hunderte von Spezialdisziplinen geworden sind (wie schon allein die Fülle der in diesem Kapitel aufgeführten Ansätze der Filmanalyse belegt). Neben der herkömmlichen Familie gibt es nun eine große Anzahl von Lebensformen wie die Single-Existenz, die Patchwork-Familie, die Landkommune usw. Die Vervielfältigung der Zahl religiöser Sinnangebote ist ein weiteres Beispiel für diese „Pluralisierung der Lebenswelten" wie auch der Film selbst mit seiner permanent voranschreitenden Entfaltung des Spektrums an Sub- und Hybridgenres für jeden Geschmack. So zerfällt die Gesellschaft in unendlich viele Segmente, die sich oft fremd gegenüberstehen, die wenig Bindung an das Ganze haben und zwischen denen es zu Reibungen kommen kann. Die Trennungsprozesse spielen sich selbst im Bewusstsein des einzelnen Menschen ab, der ständig zwischen seinen vielen Welten und Rollen (z. B. als Schüler, Fernsehzuschauer, Patient, Vereinsmitglied, Tourist) vermitteln muss und sich nicht als (unteilbares) Individuum fühlt, sondern als „Dividuum". So macht es eine voll ausdifferenzierte Gesellschaft dem Individuum schwer, eine stabile und dauerhafte Identität auszubilden. Auffällig ist, dass die rasante Beschleunigung dieser Prozesse seit dem Ende des 20. Jahrhunderts mit der Zunahme offener Erzählformen im Film zusammenfällt. Die Vermutung ist plausibel, dass das multiperspektivische und verschachtelte Erzählen in Filmen wie *L. A. Crash* und *Babel* etwas mit dem spannungsreichen Gegeneinander der vielen Existenzformen des individualisierten Menschen zu tun hat. Multiperspektivität verkörpert eine Gesellschaft, die keine Sinnmitte und keinen gemeinsamen Blickwinkel mehr kennt. Metropolen der globalisierten Welt wie Los Angeles, Schauplatz von *L. A. Crash*, wirken dabei wie Brennspiegel dieser Entwicklung. Das Thema von *Babel* ist das ständige konfliktreiche Aufeinandertreffen lokaler und globaler, heimischer und fremder, alter und neuer Identitäten überall auf dem Globus.

Zunahme offener Erzählformen

Eigene Identität erschaffen

Auch für das unzuverlässige Erzählen lässt sich vor dem Hintergrund der Individualisierung eine Erklärung finden. Es erscheint dann nämlich als filmischer Ausdruck der Orientierungslosigkeit, die das Individuum empfindet, welches sich in einer ständig wandelnden Welt aus einer unüberschaubaren Menge von Möglichkeiten eine eigene Identität zusammenbasteln muss, immer in der Sorge, dass Lebensstile und berufliche Qualifikationen schon morgen überholt sein könnten. Die Soziologie beschreibt den „Kältestrom", der aus dem Verlust von Gewissheiten, der Flüchtigkeit von Bindungen, dem Ausgeliefertsein an weltweite wirtschaftliche Verflechtungen und einer prekären Erwerbssituation entsteht. Der große Erfolg von unzuverlässig erzählten Geschichten im Kino wäre nicht denkbar, wenn

Menschen darin nicht unbewusst ein bestimmtes Lebensgefühl wiedererkennen würden, dessen Hauptmerkmal ein Mangel an Vertrauen in eine undurchschaubare Welt ohne festen Boden ist. Sie erkennen sich in dem Erzähler in *Fight Club* wieder, einem Durchschnittsbürger, der oberflächlich mit der Welt zufrieden ist, die ihm als Angestellten bei einer Autofirma ein Auskommen bietet. Seine Freiheit besteht aber vor allem darin, unter den Angeboten aus den Katalogen der Konsumwelt auszuwählen. Er fühlt sich allein gelassen und leidet unter Schlaflosigkeit. Der „Fight Club", in den er durch seinen Bekannten Tyler Durden eingeführt wird, ändert sein Leben. In einer archaischen Gemeinschaft von Männern kann er sich in Zweikämpfen messen, die gnadenlos sind, aber nach strengen Regeln verlaufen. Der Film, der anfänglich wegen angeblicher Verherrlichung von Gewalt heftig kritisiert wurde, gilt inzwischen als hellsichtige Analyse der modernen Gesellschaft. Als Ursache der Suche nach dem ultimativen „Kick", die im Laufe der Handlung außer Kontrolle gerät, erscheint darin die Identitätsschwäche von Menschen, die gegen ihre flüchtige Ersatzexistenz rebellieren. Sie fügen sich und anderen Schmerz zu, um aus ihrer Einsamkeit und emotionalen Leere erlöst zu werden. Das Unzuverlässige der Erzählweise besteht darin, dass der Erzähler (und mit ihm der Zuschauer) erst spät und schlagartig erfährt, dass Tyler gar nicht selbst existiert, sondern nur ein abgespaltener Teil von ihm ist, der immer stärker sein Recht verlangt. Die Botschaft des Films nimmt so die Form einer schmerzhaften Erkenntnis an, die sich nicht mehr verdrängen lässt. Tyler verkörpert die Sehnsucht des Erzählers nach einer Rückkehr zu den einfachen Ursprüngen des Menschseins, die aber nur noch durch Zerstörung herbeizuführen scheint.

10.3 Zuschauerbezogene Ansätze (Rezeption)

Kritik an der Wirkung von Filmen

Zuschauerbezogene Ansätze der Filmanalyse interessieren sich u. a. für die Wirkung, welche Filme auf das Publikum haben. Dabei müssen sie sich mit dem Misstrauen auseinander setzen, welches dem Medium seit jeher entgegengebracht wurde, weil es angeblich einen negativen Einfluss auf das Publikum ausübt. Der oben erwähnte Production Code ist ein inzwischen überholter Versuch christlich-konservativer Kreise, einen Schutzwall zwischen Film und Zuschauer zu errichten. Heutige Kritiker wenden sich vor allem gegen die „Traumfabrik Hollywood" als Inbegriff der „Kulturindustrie", der sie vorwerfen, die Welt mit einförmigen, industriell gefertigten Produkten zu überschwemmen. Die Sorge vor der Manipulation des Zuschauers durch Sinnestäuschung und künstliche Bilderwelten ist ebenfalls nicht unbegründet und wurde im Kapitel „Realität und Illusion" dieses Bandes bereits ausführlich angesprochen. In Teilen der Medienpädagogik wird dem populären Kino außerdem nachgesagt, es würde

- die Vernunft ausschalten und nur die Emotionen ansprechen,
- Menschen zu antriebsarmen „Popcorn Junkies" machen,
- in vielen Fällen die Bereitschaft fördern, Probleme gewaltsam zu lösen.

Film und Gewalt

Eine methodisch bewusste Filmanalyse muss versuchen diese Kritik an konkreten Filmen und Genres zu überprüfen. Die Frage danach, ob der Zuschauer mediale und eigentliche Realität noch unterscheiden kann, ob ihm eigene Aktivität zugebilligt oder er als passiver und unmündiger Konsument behandelt wird, spielt in diesem Fall eine entscheidende Rolle. Zusätzlich zu den Filmen werden dabei Interviews, Texte usw. herangezogen, in denen der Zuschauer zu Worte kommt. Allerdings ist der empirische Nachweis bestimmter Wirkungen von Filmen äußerst schwierig zu führen. So ist es selbst in aufwendigen wissenschaftlichen Versuchen bis heute nicht befriedigend gelungen, einen Zusammenhang zwischen Filmkonsum und der Neigung zur Gewaltanwendung zu belegen. Dies liegt u. a. an der Schwierigkeit zu definieren, was als schädliche Gewalt im Film einzustufen ist. Gehören etwa auch die gutmütigen Hauereien mit Bud Spencer dazu? Oder die Gewalt, auf welche laufend nur angedeutet wird wie in *Mary Reilly*? Müssen Filme berücksichtigt werden, die extreme Gewalt zeigen, aber nur um ihre Sinnlosigkeit zu demonstrieren wie *Der schmale Grat*?

Rezeptionsästhetik

Die sogenannte Rezeptionsästhetik wiederum betrachtet einen Film gewöhnlich nicht als abgeschlossenes Werk, sondern als etwas, das seine Bedeutung erst entfaltet, wenn der Zuschauer es sieht. Ein Film enthält im Prinzip eine Vielzahl möglicher Bedeutungen; von der Aktivität des Zuschauers hängt es ab, welche davon er persönlich zum Leben erweckt. Von besonderem Interesse sind deshalb die Stellen eines Films, an denen dem Publikum absichtlich Informationen vorenthalten werden oder Dinge in der Schwebe gehalten sind. Man spricht in solchen Fällen, wenn der Zuschauer mit seiner Vorstellungskraft Lücken füllen muss, auch von „Leerstellen" oder „Unbestimmtheitsstellen". Dazu gehören zeitliche Auslassungen (Ellipsen), bei denen man sich fragen kann, was in der Zwischenzeit geschehen ist. Andere Möglichkeiten für Leerstellen sind uneindeutige Aussagen und Gesten von Figuren im Dialog, weiterhin alle Elemente des Design mit symbolhaftem Charakter, auch Mittel der Montage* wie viele Match Cuts*. Diese Art des Zugangs zu Filmen wird in der Zukunft vermutlich immer wichtiger werden, weil das uneindeutige (unzuverlässige, multiperspektivische) Erzählen laufend an Bedeutung zunimmt und deshalb der Zuschauer immer weiter als „Dialogpartner" des Films in den Mittelpunkt rückt. Welche Bedeutungen der Einzelne in einem Film realisiert, hängt dabei von einer Reihe von Faktoren ab, vor allem aber von seiner persönlichen Biografie und von Alter, Geschlecht, Bildung und sozialem Status.

Leerstellen selbst ausfüllen

10.4 Intertextualität: Film, Literatur, Musik, Kunst

Intertextualität ist eine Bezeichnung für eine übergreifende Eigenschaft nicht nur von Texten, wie der Name nahelegt, sondern auch von Filmen. Damit ist gemeint, dass jeder Film Teil einer ganzen Landschaft von Filmen, Romanen, Melodien, Gemälden usw. ist, die seine Entstehung beeinflusst haben und auf die er bewusst (durch Zitate und Anspielungen) oder unbewusst Bezug nimmt. Ein Ansatz der Filmanalyse, der sich auf Intertextualität konzentriert, beschäftigt sich also mit den Austauschbeziehungen zwischen Filmen untereinander sowie zwischen Filmen und anderen Medienprodukten (die in diesem Zusammenhang allesamt als „Texte" definiert werden). Die Begriffe Intermedialität* und Intramedialität* verfeinern das Instrumentarium, mit dessen Hilfe sich über die genannten Beziehungen sprechen lässt. Dabei spielt wie bei der Rezeptionsästhetik (siehe oben) der Zuschauer eine besonders wichtige Rolle, denn inwieweit jemand die intertextuellen Einschreibungen eines Films erschließen kann, hängt von seinem intertextuellen Wissensstand ab. Je mehr Erfahrungen er mit den entsprechenden Texten und Quellen hat, desto mehr erkennt er wieder.

Austauschbeziehungen

Prätexte

Eine Filmanalyse, die ihren Schwerpunkt auf der Intertextualität hat, recherchiert und entschlüsselt systematisch alle Bezüge des Films zu „Prätexten", d.h. künstlerischen Werken, die vorher entstanden sind. Ein erster Schritt kann die Untersuchung von Bezügen eines Films zu Genres sein. Bei Wiederverfilmungen („Remakes") und Literaturverfilmungen ist der Vergleich mit der Vorlage naheliegend. Natürlich kann man einen Film auch sehen, ohne sich um die Intertextualität zu kümmern, was aber oft zu einem oberflächlicheren Verständnis führt. Aus den Zitaten und Verweisen lässt sich schließlich ermitteln, in welchem Traditionszusammenhang der Film zu sehen ist. Bedeutung wird darin geschaffen, indem Inhalte, Wertungen und Gestaltungsmittel von Prätexten übernommen werden oder aber indem der Film sich davon abgrenzt (etwa im Fall einer Parodie). Oft treiben Filme auch ein ironisches Spiel mit Zitaten. So ruft *Hautnah* in der Szene, als Anna im Londoner Aquarium vor der großen Glaswand des Hai-Beckens sitzt und ihren zukünftigen Mann Larry kennen lernt, eines der bekanntesten modernen Kunstwerke in Erinnerung. Es handelt sich um Damien Hirsts „The Physical Impossibility of Death in the Mind of Someone Living", das einen lebensgroßen und in grünlich schimmerndes Formaldehyd gegossenen Hai zeigt. In *Die fabelhafte Welt der Amélie* sind die Zitate flüchtiger, aber von großer Zahl; der Film stellt auch eine Aufforderung an den Zuschauer dar, sich auf ein Rätselspiel einzulassen.

Intertextuelles Vorwissen und Filmverständnis

In vielen Fällen führen Lücken beim intertextuellen Vorwissen dazu, dass ein Zuschauer einem bestimmten Film wenig abgewinnen kann. Ein Beispiel dafür ist *Mary Reilly*, eine Adaption von Robert Louis Stevensons klassischem

Horror-Roman *Der seltsame Fall des Dr. Jekyll und Mr. Hyde*. Schauplätze und Atmosphäre weisen den Film als ein Beispiel des „Gothic Horror" aus, eines Genres, für welches vor allem alptraumartige und einsam gelegene, zugleich altertümliche Settings kennzeichnend sind. Dies erklärt, warum der Film fast ausschließlich in düsteren Räumen, teilweise in kerkerartigen Gewölben angesiedelt ist. Zudem müssen die Figuren, obwohl sie im London des 19. Jahrhunderts leben und Jekyll ein moderner Wissenschaftler ist, eine Art Hängebrücke wie zu einer mittelalterlichen Burg überqueren, bevor sie zu den Laboratorien und zum Operationssaal des Dr. Jekyll gelangen. Während fehlende Kenntnisse in Bezug auf diese Genre-Konventionen den Zuschauer nur befremden, kann die Dramaturgie des Films sogar das Verständnis der Handlung behindern, denn sie setzt zwingend voraus, dass man Stevensons Roman oder eine der früheren Filmadaptionen kennt. Stephen Frears Fassung verzichtet auf die ganze Vorgeschichte und fängt gleich mit dem Geschehen an, dass in herkömmlichen Versionen den Höhepunkt der Handlung darstellt. Die spektakulärsten Vorgänge deutet *Mary Reilly* nur an: So wird z. B. niemals gezeigt, wie Jekyll sich in Hyde verwandelt und wie dieser seine Opfer ermordet. *Mary Reilly* demonstriert außerdem, dass auch das Gesamtwerk des Regisseurs Bestandteil der Intertextualität eines Films ist. Bestimmte Schichten von Bedeutung erschließen sich viel leichter dem Zuschauer, der Frears älteren Film *Gefährliche Liebschaften* gesehen hat, welcher thematische Parallelen zu *Mary Reilly* aufweist. Zur Intertextualität gehört hier weiterhin, dass wichtige Rollen mit den gleichen Schauspielern (John Malkovich und Glen Close) wie in *Gefährliche Liebschaften* besetzt sind. Dies löst zwangsläufig Erwartungen an die von ihnen dargestellten Charaktere und ihr Zusammenspiel aus, die zum Teil auch erfüllt werden.

Auch *Matrix* und seine Ableger sind Filme (▶ Abb. 19–22, Seiten X und XI), die sich durch eine sehr dichte Intertextualität auszeichnen. Der aufmerksame Zuschauer erkennt Einflüsse aus diversen und sehr unterschiedlichen Quellen wieder. Mit seiner Erlöser- und Auferstehungsthematik schließt *Matrix* sich an Prätexte christlicher Herkunft an: Neo, der Held des Films, ist eine Art Heiland, der die Menschheit aus der Versklavung durch Maschinen befreit. Damit stellt er sich in eine reichhaltige Tradition von Auserwählten im Science Fiction-Film und im Kino insgesamt: Man denke nur an Detektive wie Hercule Poirot oder die einsamen Helden im klassischen Western, welche die Unordnung der Welt ganz allein beseitigen. In *Matrix* dringt dieser sonst meistens nur unterbewusst spürbare Bezug an die Oberfläche und wird durch direkte Parallelen zwischen Christus und Neo intertextuell abgesichert. Innerhalb der Science Fiction ist *Matrix* dem Subgenre Cyberpunk (▶ Info Seite 99) zuzuordnen. Ähnlichkeiten zu vergleichbaren Filmen und literarischen Texten ergeben sich damit schon automatisch, im Detail lassen sich aber auch direkte Referenzen nachweisen (z. B. zu William Gibsons Roman *Newromancer*). Die Cyberpunk-Elemente prägen den Charakter dieser Filme, insgesamt schaffen sie sich aber ein ganz eigenes Hybrid-Genre, indem sie sich u. a. auch beim Martial-Arts-Genre bedienen. Hinweise darauf sind die Szenen mit fernöstlicher Kampfkunst und einige Bezüge zu buddhistischem Gedankengut. Die Liste der intertextuellen Verbindungslinien ließe sich noch sehr lange fortsetzen; so sind z. B. auch Lewis Carrolls Erzählung *Alice im Wunderland*, der japanische Zeichentrickfilm *Ghost in the Shell* und Jean Baudrillards Theorien über Simulation und Hyperrealität als Einflüsse wirksam geworden. Außerdem enthalten viele Namen mythologische oder anderweitige Anspielungen (Nebuchadnezzar, Morpheus usw.). Diese komplexe Intertextualität, die den Zuschauer leicht verwirren kann, war insbesondere dem Erfolg von *Matrix* keineswegs hinderlich, wie man hätte vermuten können, sondern förderte ihn sogar erheblich und trug dazu bei, ihm den Status eines Kultfilms zu verschaffen. Die Zitate und Einsprengsel schaffen innerhalb der Fan-Gemeinde permanent Anlässe zum Gespräch und stärken damit die Gruppenidentität. Die Kenntnis möglichst vieler intertextueller Bezüge verbürgt dabei für den Einzelnen Insider-Kompetenz. Bei einer Filmanalyse auf gehobenem Niveau stellt sich bei jeder einzelnen Anspielung die Frage, ob sie diesem (philosophisch tatsächlich ungewöhnlich anspruchsvollen) Film wirklich mehr Tiefe verleiht.

10.5 Weitere Ansätze der Filmanalyse

Einige Richtungen der Filmanalyse sind im Übrigen so uneinheitlich oder sind in so vielfältiger Weise mit Kontexten beschäftigt, dass es kaum möglich ist, ihnen in dem genannten Ordnungsschema einen Platz zuzuweisen.

Die feministische Filmtheorie

Kritik am Patriachat

kennt zahlreiche Ansätze, die sich jeweils aus weiblicher Sicht mit dem Film auseinandersetzen. Einige verlegen sich darauf zu untersuchen, wie Frauen dargestellt werden, andere richten ihr Augenmerk auf die Produktion von Filmen durch Frauen oder darauf, wie Filme von Frauen wahrgenommen werden. Bei allen Unterschieden ist feministische Filmanalyse zunächst immer Kritik am Patriarchat, verstanden als Herrschaft des Mannes über die Frau. Besonders einflussreich ist in diesem Zusammenhang die Theorie von der Dominanz des „männlichen Blicks" über passive weibliche Schauobjekte im Kino. Männer haben demnach die Macht des Schauens, Frauen sind nur die Gesehenen (▸ vgl. Kap. 2.4, Seite 25 f.). Man erforscht weiterhin patriarchale Denkmuster, die in Filmen zum Ausdruck kommen, z. B. in den Eigenschaften, die Frauen darin zugeschrieben werden. Ganze Genres wie der Film Noir (▸ Info Seite 24) dämonisieren sie als Verführerinnen, die Männer durch ihre Schönheit und Sinnlichkeit willenlos machen. Andere Weiblichkeitsstereotype sind der Vamp, das Girlie, das Babe, aber auch die aufopferungsvolle Mutter, die gute Kameradin usw. Weil dabei unterbewusste Wunschvorstellungen und männliche Angst vor weiblicher Sexualität und Befreiung eine wesentliche Rolle spielen, sind in der feministischen Filmanalyse auch Methoden der Psychoanalyse verbreitet.

Feministische Utopien

Feministische Filmtheorie wird außerdem häufig ausgeweitet auf andere Gruppen, die neben Frauen durch die Filmindustrie benachteiligt werden. Bemängelt wird die Tatsache, dass im Kino die Perspektive des weißen, heterosexuellen Mannes der Mittelschicht vorherrscht. Die Schlüsselfrage lautet: Welche Möglichkeiten stehen Frauen – zumal solchen, die lesbisch sind oder sozialen und ethnischen Randgruppen angehören – trotzdem offen, ihren eigenen Blick auf die Welt im Film einzubringen? Gibt es dabei eine spezifisch weibliche Art zu erzählen, und wie sieht diese aus? Umstritten sind in dieser Hinsicht feministische Utopien wie *Antonias Welt* und *Whale Rider*, die eine von Frauen organisierte Gesellschaft (Matriarchat) als vorbildlich präsentieren. In der Filmtheorie selbst gelten heutzutage Konzepte, die sich nur auf Kritik des Patriarchats festlegen, als zu schlicht und unflexibel. Schließlich kommen im Film Geschlechtergrenzen oft ins Schwimmen.

Grenzen der Kritik

Dass gerade in Genrefilmen wie dem Melodrama oder Horror patriarchale Strukturen vielfach sowohl bestätigt wie auch unterlaufen werden, wurde schon oben angedeutet. In zahllosen Filmen wird auch ein sexueller Rollentausch inszeniert, vor allem beim „Cross-dressing" wie in *Manche mögen's heiß* und *Tootsie*. Während hier herkömmliche Männlichkeit im Prinzip noch erhalten bleibt und die Frauenkleider eigentlich nur aus einer Notlage heraus vorübergehend getragen werden, ist dies weniger der Fall in Filmen über „Drag Queens". In *To Wong Foo, Thanks for Everything! Julie Newmar* werden zwei „Transen" sogar von den Männlichkeits-Ikonen (▶ Info Seite 72) Patrick Swayze und Wesley Snipes gespielt.

Weil geschlechtliche Identitäten im Film also sehr differenziert sein können, haben die Gender Studies eine herausragende Stellung erlangt, welche die feministische Sichtweise zu einer allgemeineren Geschlechterforschung ausgedehnt haben.

Gender Studies: Ein auch im deutschen Sprachraum gebräuchlicher Ausdruck für eine Forschung (engl. „studies"), die sich mit Geschlechtsidentitäten (engl. „gender") und der Geschlechterordnung beschäftigt. Die Gender Studies gehen davon aus, dass Gender nicht direkt mit dem biologischen Geschlecht („Sex") verknüpft ist. Was als „männlich" und „weiblich" gilt, ist demzufolge nicht naturgegeben, sondern eine Deutung, die aber dem Individuum seine Rolle in der Gesellschaft zuweist. Gender kommt in Handlungen zum Ausdruck, z. B. im Tragen einer bestimmten Kleidung, in verbaler und nonverbaler Kommunikation. Der populäre Film ist neben der Werbung, Musik-Videos und der Mode einer der wichtigsten Untersuchungsgegenstände der Gender Studies, weil in ihnen Geschlechterrollen „konstruiert" werden, die dann in das Gender-Verhalten breiter Schichten einfließen. Ein wichtiger Gegenstand der genderorientierten Filmanalyse ist die Untersuchung von Körperbildern: Wie muss jemand äußerlich beschaffen sein, um als „männlich" oder „weiblich" zu gelten? Spannend sind in diesem Zusammenhang Filme, die überzüchtete Körperideale wie bei der „Sexbombe" oder dem „Actionhelden" dekonstruieren, indem sie ihre Künstlichkeit offenlegen. Dies geschieht besonders häufig im Science Fiction-Genre, z. B. in Filmen über Cyborgs (Mischkonstruktionen aus Mensch und Maschine) wie *Robocop*. Wenn der von dem Bodybuilder Arnold Schwarzenegger gespielte *Terminator* seinen Arm aus Fleisch und Blut aufschlitzt, wird darunter das metallene Innere eines Roboters sichtbar. Der Begriff „Gender" wird häufig in Verbindung mit „Class" (soziale Klasse) und „Race" (meistens als „Ethniziät" übersetzt, weil das Wort „Rasse" in Deutschland belastet ist) verwendet. Gemeinsam eignen sich diese drei Kategorien, um z. B. bei einem Film wie *L. A. Crash* die dargestellten Machtverhältnisse in der Gesellschaft und die Stellung von Individuen darin zu beschreiben.

Die postkoloniale Filmtheorie

Suche nach dem Erbe des Kolonialismus

Sie ist vor allem in Frankreich und Großbritannien weit verbreitet, also in Ländern, die in der Vergangenheit große Kolonialreiche besaßen. In französischen und britischen Filmen wird dementsprechend das Erbe der kolonialistische Weltausplünderung häufig thematisiert. Im Prinzip trifft dies auch auf viele amerikanische Filme zu, denn die USA sind als Land selbst aus einer Kolonie hervorgegangen und wurden u. a. durch die Sklaverei selbst zum Profiteur des Kolonialismus. Jahrhundertelange Ausbeutung von Menschen und Natur und die Zerstörung traditioneller Kulturen haben bei den Nachfahren der Opfer tiefe Spuren hinterlassen, denen man in den ehemaligen Kolonien nachgehen kann wie auch unter Migranten, die es von dort überallhin in die westliche Welt gezogen hat. Postkoloniale Filmtheorie untersucht vor allem das Verhältnis zwischen den Nachfahren von Kolonialherren und Kolonisierten. Dabei wird deutlich, dass bis heute die Entmündigung ganzer Völker durch rassistische Vorstellungen gerechtfertigt wird. Zum Kolonialismus gehört es auch, dass die Kolonisierten die Vorurteile gegen sie selbst verinnerlichen und sich in der postkolonialen Situation nur schwer davon frei machen können, um zu einer eigenen Identität zu finden. Der Kolonialismus hat allerdings die Kolonisierer genauso geprägt; sie haben ihr Selbstbild in der Differenz zu dem verachteten, oft aber auch idealisierten Fremden (dem „edlen Wilden") geformt.

Caché ist ein Beispiel für einen Film (▶ Abb. 18, Seite IX; vgl. auch Seite 104 f.), der auf einem postkolonialen Konflikt beruht, welcher sich im Verhältnis der beiden Figuren Georges und Majid äußert. Den Hintergrund bildet das Massaker, das die französische Polizei und Armee am 17.10.1961 in Paris unter nordafrikanischen Immigranten anrichteten. Zweihundert Menschen starben bei einer Demonstration gegen den Algerienkrieg, mit dem die Kolonialmacht Frankreich die Unabhängigkeit des Landes verhindern wollte. Unter den Toten vom 17. Oktober befinden sich Majids Vater und Mutter. Der sechsjährige Georges bewirkt mit einer Intrige, dass seine Eltern nicht wie beabsichtigt den algerischen Jungen adoptieren und er stattdessen in ein Heim kommt. Dieses Unrecht legt sich als Schatten über das Leben beider und zerstört es langsam. Der Film schildert die Endphase des privaten Dramas, in dem die Hinterlassenschaft des Kolonialismus noch vierzig Jahre nach dem Ende des Algerienkriegs fortdauert.

Was vom Tage übrig bleibt ist für die „Postcolonial Studies" ein herausragender Fall. Die Hauptfigur ist der englische Butler Stevens, der nach dem Ende des britischen Weltreichs in den fünfziger Jahren vor den Trümmern seiner Existenz steht. Er hatte sich zuvor vollständig mit dem Bild identifiziert, welches das imperiale Großbritannien von sich entwarf, um damit die Herrschaft über ein Weltreich zu rechtfertigen. In diesem Rahmen war er aber selbst nur ein Diener, der sich in einem Herr- und Knechtverhältnis mit seinem aristokratischen Arbeitgeber befand. Weil er sich dem Glauben an die Überlegenheit des „Gentleman" bedingungslos ergab, versäumte er sein wahres Leben. Stevens Schicksal zeigt, dass auch Europäer „kolonisierte" Menschen waren. Im Film erlebt der Zuschauer, wie er sich in fortgeschrittenem Alter und in einer neuen Welt zurechtfinden muss. Sein Schicksal ähnelt damit dem vieler ehemaliger Kolonien und ihrer Bewohner auf dem Weg in die Unabhängigkeit.

In Filmen über postkoloniale Konflikte, wie den beiden genannten, spielt fast immer die Erinnerung an lange zurückliegende Ereignisse eine Rolle. Der 17. Oktober 1961 oder die Unabhängigkeit Indiens von Großbritannien haben sich tief in das Gedächtnis der von ihnen betroffenen Völker eingeschrieben und beeinflussen ihr Verhalten.

Die Erinnerungstheorie

Erinnerung als soziales Phänomen

Neben der postkolonialen Theorie ist deshalb für die Filmanalyse auch die Erinnerungstheorie von großem Nutzen. Sie verbindet sich vor allem mit den Namen Maurice Halbwachs (1877–1945) und Jan Assmann (*1938) und beschäftigt sich mit Erinnerung und Gedächtnis als sozialen Phänomen. Es geht um das Kurzzeit- und das Langzeitgedächtnis der Gesellschaft, in denen das Wissen und die Erfahrungen gespeichert sind, die ihr bewahrenswert erscheinen und welche die Grundlage ihrer Identität bilden. Es entsteht in einem laufenden Prozess der Auswahl, bei dem Wichtiges erinnert und Unwichtiges vergessen wird. Man unterscheidet dabei zwischen einem kollektiven Gedächtnis, das nur wenige Generationen zurückreicht, und einem kulturellen Gedächtnis, das viel ältere Erinnerungen umfasst. Das kollektive Gedächtnis ist noch sehr gefühlsbeladen und prägt die Alltagskommunikation, während das kulturelle Gedächtnis unter anderem in mythisch-religiösen Erzählungen sowie in Festen und Ritualen in Erscheinung tritt. Auch der Film kann als „Gedächtnisorgan" der Gesellschaft wirksam werden; einzelne Werke lassen sich daraufhin untersuchen, inwiefern sie die Erinnerung an bestimmte Ereignisse konservieren und so dazu beitragen, das kollektive und langfristig eventuell das kulturelle Gedächtnis von Gemeinschaften zu prägen. So erzählt das *Das Wunder von Bern* eine Geschichte, die rund um ein Geschehen angesiedelt ist, das von zentraler Bedeutung für das Selbstverständnis der Bundesrepublik Deutschland nach dem II. Weltkrieg war. Der Sieg im Weltmeisterschaftsendspiel von 1954 verschaffte einem Land, das noch unter dem Eindruck der Niederlage von 1945 und den Härten der Nachkriegszeit stand, neues Selbstbewusstsein und gilt dadurch in der allgemeinen Erinnerung als eigentlicher Gründungsakt der Nation, zugleich als Startschuss des Wirtschaftswunders der fünfziger Jahre. Der Film wurde anlässlich der Jubiläumsfeiern des Spiels im Jahre 2004 produziert; gemeinsam integrierten damit beide – Jahrestag und Film – dieses Ereignis im kollektiven Gedächtnis der Deutschen. In den USA haben Filme eine herausragende Funktion bei der Erinnerung an den Vietnam-Krieg, der von der Nation als extrem traumatisch erfahren wurde. Nach einer längeren Phase der Verdrängung waren es Filme wie *Die durch die Hölle gehen* (*The Deer Hunter*), *Apocalypse Now* und *Coming Home – Sie kehren heim*, allerdings auch *Rambo*, die den Krieg in Erinnerung riefen und die ganze Zerrissenheit der Nation widerspiegelten. Besonders interessant ist der Zusammenhang von Film und Gedächtnis, wenn es um die Darstellung der großen Katastrophen des 20. Jahrhunderts geht. Wie kann der Film die Erinnerung an die Weltkriege und den Holocaust erhalten, in einer Zeit, in der sie mit der schwindenden Zahl noch lebender Zeitzeugen langsam aus dem kollektiven Gedächtnis verschwinden? Wie unterscheiden sich die Strategien, die dabei entwickelt wurden (z. B. in *Schindlers Liste*, *Das Leben ist schön*, *Rosenstraße* und *Der Untergang*)? Als problematisch kann man die

Kollektives und kulturelles Gedächtnis

Die Weltkriege und der Holocaust-Film

Neigung des Mainstream-Films werten, sich kollektiv erinnerten Ereignissen zuzuwenden. Die historischen Vorgänge können darin durch stereotype Figuren und Handlungsabläufe überlagert werden (wie in *Titanic* und *Das Wunder von Bern*). Außerdem verändern die technischen Möglichkeiten des digitalen Zeitalters die Art, wie Filme über beeindruckende Ereignisse der Vergangenheit gemacht werden. Kommerzielle Filmproduktionen setzen sich kaum noch damit auseinander, was sie bedeuten, vielmehr werden die Vorgänge nun vor allem (vermeintlich authentisch) „gezeigt". Die perfekten und spektakulären Bilder des Illusionskinos (▶ Info Seite 100) prägen sich aber viel schneller und intensiver in das kollektive Gedächtnis breiter Schichten ein, als es eine lang andauernde öffentliche Diskussion über ein historisches Ereignis jemals könnte.

Beziehung Gedächtnis/ Film

Dass die Filmanalyse das Phänomen Erinnerung einbezieht, ist schon deshalb naheliegend, weil man von einer grundlegenden Verwandtschaft zwischen Gedächtnis und Film ausgehen darf. Der Film kann mit Hilfe der Montage* frei zwischen Zeitebenen und Räumen verkehren, genau wie es das Gedächtnis tut. Dieses ordnet Erfahrungen nicht linear und chronologisch. Die Frage, wann etwas stattgefunden hat, ist oft von geringer Bedeutung. Dies betrifft sowohl das individuelle wie das kulturelle Gedächtnis. Immer wieder schiebt sich längst Vergangenes vor kürzlich Geschehenes, weil es bedeutsamer ist. Aus diesen Gründen sind für eine an Fragen der Erinnerung orientierte Filmanalyse zweifellos Werke von größerem Interesse, die nicht geschlossen erzählen, sondern eher fragmentarisch und episodisch, auch unzuverlässig, denn das Gedächtnis ist sprichwörtlich „trügerisch".

Aktivität 1: Motion Picture Production Code

Stellen Sie sich vor, der Motion Picture Production Code, dessen Wortlaut als Dokument im Internet leicht aufzufinden ist, würde wieder eingeführt. Lesen Sie sich die zahlreichen Bestimmungen durch, und überprüfen Sie einige der in diesem Buch analysierten Filme mit den Augen des zuständigen Kontrollorgans (Hays Office). Welche Werke würden heute ohne größere Beanstandungen für die Aufführung in amerikanischen Kinos zugelassen und welche nicht? Beschreiben Sie im Detail zu einem Film, der viele Verstöße enthält, wie eine, dem Code konforme Version aussehen müsste. Beurteilen Sie, ob diese Fassung aus Ihrer Sicht sehenswert wäre.

Aktivität 2: Erinnerungstheorie

Das Fernsehen bemüht sich in Deutschland seit einigen Jahren mit selbst produzierten Filmen darum, eine besondere Gedächtniskultur zu betreiben. Die bekanntesten Beispiele sind *Das Wunder von Lengede* (Sat 1 2003), *Die Luftbrücke – Nur der Himmel war frei* (Sat 1 2005), *Die Sturmflut* (RTL 2006), *Dresden* (ZDF 2006). Wählen Sie eines der in diesen Filmen dargestellten Ereignisse aus, und informieren Sie sich zunächst aus Geschichtsbüchern, Lexika usw. darüber. Falls möglich, stellen Sie auch fest, welchen Rang das Geschehen schon zuvor im kollektiven Gedächtnis der Deutschen eingenommen hatte. Sehen Sie sich anschließend den betreffenden Film an (im Normalfall leicht als DVD zu beschaffen).

- Welche aktuellen Anlässe oder Ereignisse scheinen zur Produktion des Films geführt zu haben? Auf welche Resonanz bei Publikum und Kritikern trifft er?
- Welche Teilaspekte des Geschehens stehen in dem Film im Vordergrund? Was soll an dem Ereignis in Erinnerung bleiben?
- Gibt es Teilaspekte, die in auffälliger Weise aus der Erinnerung ausgeklammert werden? Welche Gründe für ihre Nichtberücksichtigung könnte es geben?
- Welche Rolle spielen besondere Gedächtnisorte in dem Film (z. B. die Dresdener Frauenkirche)?
- Mit welchen Mitteln werden das Ereignis und die damit verbundenen Wertungen in das Gedächtnis eingeprägt (Figurengestaltung, Handlungsaufbau, Bildgestaltung, Special Effects usw.)?

Erörtern Sie, ob die Produzenten durch ihre Art des Umgangs mit dem Thema (inhaltlich und filmisch) ihrer Verantwortung gerecht werden.

Aktivität 3: Intertextualität
Die Fernsehserie *Die Simpsons* ist ein Paradebeispiel für einen gezielten Einsatz von Intertextualität. Sehen Sie sich gemeinsam mit Freunden eine oder mehrere Folgen an, und notieren Sie sich dabei alle Anspielungen auf Filme, Fernsehsendungen, Bücher, Musikstücke, Bilder sowie auf die entsprechenden Schauspieler, Musiker usw., die Sie erkennen. Vergleichen Sie anschließend Ihre Ergebnisse, und stellen Sie fest, wessen intertextuelles Vorwissen in diesem Fall den größten Umfang hatte.

11 Filmregister

12 Glossar

Abblende
Filmisches Gestaltungsmittel, das das Ende einer Szene kennzeichnet. (s.a. Blende)

Assoziationsmontage
Zusammenschneiden ungleichartiger Bilder, um beim Zuschauer bestimmte gedankliche Prozesse auszulösen

Audiobridge
Auch akustische Klammer genannt; durch den einheitlichen Ton erscheinen die verschiedenen Einstellungen einer Sequenz als zusammengehörig

Aufblende
Filmisches Gestaltungsmittel, das den Beginn einer Szene kennzeichnet. (s.a. Blende)

Backstorywound
Seelische Verletzung in der Vergangenheit eines Filmhelden, die sein Verhalten motiviert

Bildkomposition
Platzierung von Flächen, Linien und Formen im filmischen Bild und die damit verbundene Verteilung der optischen Schwerpunkte

Blende
Bezeichnung für einen weichen Übergang zwischen zwei Einstellungen (im Gegensatz zum harten Schnitt)

Continuity System
Im Hollywood-Kino herausgebildetes System von filmischen Verfahren, das darauf abzielt, alles zu verhüllen, was den Zuschauer in seiner Realitätsillusion stört. Sein zentrales Element ist der „unsichtbare Schnitt"

Diegese
Bezeichnung für die Elemente eines Films, die der räumlich-zeitlichen Welt der Filmhandlung angehören. (vergleiche Extradiegese)

Deadline
Zeitliche Frist, die dem Helden zur Erledigung einer wichtigen Angelegenheit bleibt; Mittel der Spannungserzeugung

Einfühlung
Schauspieltechnik, die auf der Identifikation des Darstellers mit der Figur beruht

Einstellung
Ein ohne Unterbrechung belichteter Abschnitt Film; der Abstand zwischen zwei Schnitten

Einstellungsgröße
Größe, mit der Figuren und Objekte im Verhältnis zu ihrer Umgebung abgebildet sind

Ellipse
Auslassung eines Zeitraums innerhalb der Handlung; dient der Raffung und lenkt die Aufmerksamkeit auf wesentliche Abschnitte des Geschehens

Erzählende Instanz
Fiktionaler Vermittler der erzählten Welt, der beim Film meistens nicht als konkrete Figur erkennbar ist

Erzählte Zeit
Dauer des Geschehens in der Filmwirklichkeit

Erzählzeit
Sehdauer bei einem Film

Establishing Shot
Erste Einstellung einer Sequenz, meistens eine Totale, welche den Handlungsort einführt und dem Zuschauer zur räumlichen Orientierung verhilft

Exposition
Informationsvermittlung über räumlich-zeitliche Gegebenheiten, Vorgeschichte, Charaktere und Konflikte; oft als konzentrierte Phase am Filmanfang, mitunter aber auch aus Gründen der Spannungserzeugung sukzessiv über die Filmhandlung verteilt (z. B. im Detektiv-Film)

Extradiegese
Bezeichnet die Elemente eines Films, die auf der Ebene der erzählerischen Vermittlung angesiedelt sind, z. B. Musik oder Voice-over-Kommentare, die nicht von Figuren innerhalb der Handlung erzeugt werden

Eyeline Shot
Einstellung, in der die Kamera auf der Höhe der Augen der Akteure eingerichtet ist und eine unsichtbare Verbindungslinie zwischen ihnen herstellt

Filmzitat
Erkennbare Beziehung eines Films zu einem anderen, im Extremfall das Hereinschneiden einer Szene aus einem Vorgängerfilm in einen neuen; aber auch Anspielungen auf andere Filme oder die Imitation von Stilmerkmalen eines Films oder Genres gelten als Zitate

Fake-Effekt
Stilmittel des Filmdesign; lässt die Welt des Films absichtlich attrappenhaft und unecht wirken

Frame
Rahmen, der die Grenzen des filmischen Bildes absteckt

Geschlossene Form
Bezeichnung für eine Filmgestaltung, bei der Handlung bzw. Bild oder beides jeweils als in sich ruhendes, organisches Ganzes erscheinen

Genre
Gruppe von Spielfilmen, die deutliche Ähnlichkeiten aufweisen, z.B. im Handlungsaufbau, der Figurengestaltung und der emotionalen Wirkung

Goldener Schnitt
Bezeichnet ein Teilungsverhältnis von Strecken in einem Verhältnis von ca. 3:5. Dieses Prinzip wird seit der Antike als Inbegriff harmonischer Proportionen gesehen und bestimmt z.B. die Gestaltung vieler Gebäudefassaden. Für die Bildgestaltung im Film wird ein rechteckiges Raster verwendet, welches das Bild entsprechend dem Goldenen Schnitt in neun Rechtecke teilt. Bildwichtige Elemente wie Figuren oder ein Horizont werden auf den Linien und ihren Schnittpunkten platziert (und selten in die Bildmitte)

Handkamera
Sehr bewegliche, ohne Stativ verwendete, gewöhnlich auf der Schulter getragene Kamera; wird eingesetzt, wenn ein dokumentarischer, authentischer Charakter der Bilder angestrebt wird

High Key
Beleuchtungsstil, bei dem weiches und gleichmäßig verteiltes Licht vorherrschen

Hybridgenre
Mischung aus zwei oder mehr Genres

Intermedialität
Wechselbeziehung zwischen zwei Medien, die normalerweise als getrennt empfunden werden, z.B. Film und Comic wie bei *Spider-Man*.

Intramedialität
Wechselbeziehung zwischen mehreren Erzeugnissen desselben Mediums; eine wesentliche Erscheinungsform ist das Filmzitat

Jump Cut
Montagetechnik, die den Zuschauer irritiert, weil sie die herkömmlichen Anschlussregeln ignoriert, etwa durch zeitliche Auslassungen innerhalb einer eigentlich zusammenhängenden Einstellung; wird als „Bildsprung" wahrgenommen

Kadrierung
Vorgang der Bildbegrenzung, bei dem festgelegt wird, was zu sehen ist und wie die optischen Schwerpunkte verteilt sind

Kamerafahrt
Bewegung der Kamera durch den Raum während des Drehens

Kamerawinkel
Richtung und Höhe, aus der die Kamera ein Geschehen filmt; dabei sind Normalsicht, Aufsicht, Untersicht und Schrägsicht möglich

Keyser-Soze-Effekt
Wendung am Ende eines Films, die schlagartig offenbart, dass weite Teile der Handlung als Täuschung des Zuschauers angelegt sind (wenn z. B. der Protagonist in *Fight Club* in einem Moment der Klarheit entdeckt, dass Tyler Durden keine eigenständige Person ist, sondern nur eine Halluzination, die von ihm Besitz ergriffen hat)

Klassisches Erzählkino
Bezeichnung für Filme, die in immer neuen Variationen von „Der Reise eines Helden" erzählen und als dessen Blütezeit das klassische Hollywood-Kino in der Zeit zwischen 1930 und 1960 gilt

Kontrapunktischer Ton
Mittel der Verfremdung*, bei dem Elemente des Tons im Widerspruch zur Handlung oder Bildern des Films stehen

Leitmotiv
Stilmittel, das in der wiederholten Verwendung gleichartiger Elemente (z. B. einer bestimmten Farbe, eines Gegenstandes, eines Satzes, einer musikalischen Klangfolge) besteht; es stärkt den inneren Zusammenhang eines Films und lenkt die Aufmerksamkeit auf Sinnzusammenhänge

Look
Kombination von Design-Elementen, die einem Film ein zusammenhängendes Erscheinungsbild verleihen

Low Key
Beleuchtungsstil, der hartes Licht bevorzugt und klare Konturen hervortreten lässt

Mainstream
Bereich der Filmproduktion, der kommerziellen Interessen gehorcht und sich den Wertvorstellungen und dem Geschmack einer breiten Publikumsmehrheit anpasst; als Gegenbegriffe zum Mainstream-Film finden sich u. a. Independent-, Autoren-, Avantgarde- und Underground-Film

Match Cut
Montagetechnik, die einen gleitenden Übergang zwischen zwei räumlich oder zeitlich getrennten Einstellungen ermöglicht, indem sie visuelle oder akustische Motive aus der einen Einstellung in die andere übernimmt

Montage
Prozess der Anordnung und Zusammenfügung des geschnittenen Bildmaterials zu einem fertigen Film

Mood-Technik
Bezeichnung für die Bestandteile der Filmmusik, die den Inhalt von Szenen atmosphärisch unterstützen und Stimmungen von Figuren verdeutlichen

Multi-/Polyperspektivität
Erzähltechnik, bei der ein Ereignis, ein Problem oder ein Sachverhalt aus unterschiedlichen Blickwinkeln dargestellt wird

Mythen
Auf einfachen Formen beruhende Erzählungen, die einer Gesellschaft zur Erklärung und Deutung ihres Selbstverständnisses dienen; sie erzeugen sozialen Zusammenhalt

Objektive Kamera
Kameraführung, die nicht den Blickwinkel einer Figur einnimmt, sondern das Geschehen eher neutral aufzeichnet

Offene Form
Bezeichnung für Arten der filmischen Erzählung und Bildgestaltung, die nicht auf Abgeschlossenheit, Symmetrie und Folgerichtigkeit abzielen

Over-the-Shoulder Shot
Einstellung in Dialogszenen, bei welcher ein Gesprächspartner in mittlerer Einstellungsgröße über die Schulter des anderen hinweg zu sehen ist

Parallelmontage
Technik, bei der zwischen zwei gleichzeitig verlaufenden Handlungssträngen hin- und hergeschnitten wird

Plot
Von einem Erzähler ausgewählte und in eine organisierte Abfolge gebrachte Begebenheiten (vgl. Story)

Point-of-View-Shot
Einstellung, bei der die Kamera die subjektive Perspektive einer Figur einnimmt.

Postproduktion
Nachbehandlung des Filmmaterials nach Beendigung der Dreharbeiten; zentrale Bestandteile sind Schnitt* und Montage* sowie die Unterlegung mit Musik und das Hinzufügen von Special Effects

Produktionsdesign
Ausstattung von Raum und Figuren im Film

Realismus
Bezeichnung für eine Tendenz, die außerfilmische Wirklichkeit ungeschminkt und kompromisslos im Film darzustellen; meistens verbunden mit einer gesellschaftskritischen Haltung

Realitätseffekt
Illusion von Wirklichkeitsnähe im Film, welche sich durch die Anwendung bestimmter Verfahren erzeugen lässt, z. B. die Verhüllung der Fiktionalität der Erzählung

Reflektor-Figur
Figur, aus deren Sicht der Zuschauer das Geschehen wahrnimmt

Reise des Helden
Klassische Erzählstruktur traditioneller Mythen, welche auch die Grundlage zahlloser populärer Filme bildet

Rollentyp
Stark typisierte Filmfigur mit geringen Möglichkeiten der individuellen Ausgestaltung, z. B. der starrsinnige Schulleiter in der Paukerkomödie

Rückblende
Erzähltechnik, welche den chronologischen Ablauf der Handlung unterbricht, um auf ein vorangegangenes Ereignis zurückzugreifen

Schärfentiefe
Der Bereich eines Bildes, in dem Figuren und Gegenstände scharf erscheinen; Mittel der Aufmerksamkeitslenkung

Schnitt
Ein der Montage vorgelagerter Vorgang der Auswahl und Zerlegung des belichteten Filmmaterials; zugleich beim fertigen Film der scharf abgegrenzte Übergang zwischen zwei Einstellungen

Schuss-Gegenschuss
Gebräuchliches Verfahren der Montage von Dialogszenen; dabei werden abwechselnd in zumeist mittlerer Einstellungsgröße die Gesprächsteilnehmer aus der Sicht des jeweils anderen gezeigt

Schwenk
Bewegung der Kamera während des Drehens, ohne dass diese ihren Standort verlässt

Sequenz
Eine in sich abgeschlossene Erzähleinheit eines Films (vergleichbar einem Romankapitel), häufig durch Ortswechsel oder einen Zeitsprung begrenzt

Set
Drehort

Setting
Schauplatz, an dem eine Handlung stattfindet; während das Set (der Drehort) der realen Welt angehört, ist das Setting Teil der filmischen Wirklichkeit und mit Bedeutung aufgeladen

Story
Menge von erzählbaren Ereignissen in ihrer chronologischen Reihenfolge (vgl. Plot)

Subjektive Kamera
Kameraführung, welche den Zuschauer das Geschehen aus der Perspektive einer handelnden Figur erleben lässt

Subtext
Der „verborgene", eigentliche Sinn im Unterschied zu dem, was ein Film ausdrücklich und an der Oberfläche erzählt.

Szene
Anzahl von Einstellungen, welche hinsichtlich von Raum und Zeit eine Einheit bilden

Unzuverlässiges Erzählen
Gewollte Erzählhaltung, die durch Lückenhaftigkeit, Unstimmigkeiten usw. gekennzeichnet ist und den Leser irritiert

Verfremdung
Allgemein die bewusste Verwendung von Stilmitteln im Film, die eine Abweichung von den Konventionen, dem Gewohnten bedeuten; häufig mit der Absicht verbunden, den Zuschauer in seiner Wirklichkeitsillusion zu stören; im Bereich des Schauspiels eine Technik, bei welcher der Darsteller eine kritische Distanz zur Figur einnimmt

Voice-over
Stimme eines Erzählers und Kommentators, der nicht im Bildausschnitt zu sehen ist, der sich aber auch nicht im physikalischen Raum jenseits davon aufhält und also auch nicht von der Kamera eingeholt werden kann

Zoom
Kameratechnik, bei welcher entfernte Figuren und Gegenstände durch Veränderung der Brennweite näher herangeholt werden

13 Literaturempfehlungen

Die folgende Liste von Büchern repräsentiert nur eine kleine Auswahl aus der Fülle der Literatur über Film und Filmanalyse. Die genannten Titel eignen sich aber in besonderem Maße zur Vertiefung der durch diesen Band gewonnenen Kenntnisse:

Faulstich, Werner: *Filmgeschichte*. Paderborn: Fink. 2005 (Reihe UTB basics 2638).
Das Buch liefert einen Überblick über die Epochen der Filmgeschichte und ist wie ein Lehrbuch aufgebaut mit Merksätzen, Definitionen und Testfragen.

Faulstich, Werner: *Grundkurs Filmanalyse*. München: Fink. 2002 (UTB Taschenbücher 2341).
Eine anschaulich gestaltete Einführung in verschiedene Möglichkeiten des Zugangs zur Filmanalyse; das besondere Interesse Faulstichs gilt den Genres, die für ihn den „Wahrnehmungshorizont" bilden.

Hickethier, Knut: *Film- und Fernsehanalyse*. 3., überarbeitete Auflage. Stuttgart/Weimar: Metzler. 2001 (Sammlung Metzler, Band 277).
Ein bewährtes Standardwerk, dabei eher theoretisch als anschaulich im Zugang

Koebner, Thomas (Hrsg.): *Reclams Sachlexikon des Films*. Stuttgart: Philipp Reclam jun. 2002.
Ein umfangreiches und fundiertes Nachschlagewerk über zahlreiche Aspekte der Filmproduktion, -theorie und -analyse.

Korte, Helmut: *Einführung in die systematische Filmanalyse*. Ein Arbeitsbuch. Mit Beispielanalysen von Peter Drexler u.a. 2., durchgesehene Auflage. Berlin: Erich Schmidt. 2001.
Enthält ausführliche Analysen der Filme Zabriskie Point, Misery, Schindlers Liste und William Shakespeares Romeo + Julia.

Krützen, Michaela: *Dramaturgie des Films. Wie Hollywood erzählt.*
Frankfurt a. Main: Fischer Taschenbuch. 2004.
Liefert eine ausführliche Analyse der Erzählstrukturen im Mainstream-Kino und entwickelt ein Modell von der „Reise des Helden". Die Autorin arbeitet sehr anschaulich mit einer Fülle von Beispielen und stützt sich insbesondere auf den Film Das Schweigen der Lämmer.

Monaco, James: *Film verstehen. Kunst, Technik, Sprache, Geschichte und Theorie des Films und der Medien; mit einer Einführung in Multimedia.* Überarbeitete u. erweiterte Neuausgabe. 5. Aufl. Reinbek: Rowohlt Taschenbuch. 2004.
Der „Klassiker" unter den Einführungen in Filmtheorie und Filmanalyse

Röwekamp, Burkhard: *Hollywood*. Köln: DuMont. 2003 (Reihe DuMont Schnellkurs).
Eine konzentrierte Einführung in die Geschichte Hollywoods; der Autor erläutert die technischen, künstlerischen und ökonomischen Entwicklungen in der wich-

tigsten Filmindustrie der Welt und widmet sich dabei ausführlich den Stilen und Experimenten abseits des Mainstream wie dem Film Noir und New Hollywood.

Töteberg, Michael (Hrsg.): *Metzler-Film-Lexikon*. 2., aktualisierte u. erweiterte Auflage. Stuttgart/Weimar: Metzler. 2005.
Ein wichtiges Nachschlagewerk, das Artikel zu ca. 500 Filmen enthält, die Geschichte geschrieben haben.

Über neue Filme und Entwicklungen im Bereich des Kinos informiert eine Reihe von empfehlenswerten Zeitschriften:

epd film. Das Kino-Magazin (monatliche Erscheinungsweise, herausgegeben vom Evangelischen Pressedienst)

film-dienst. Das Film-Magazin (vierzehntägig herausgegeben von der Katholischen Filmkommission, enthält u. a. eine ausführliche Vorschau auf anspruchsvolle Filme, die im Fernsehen gezeigt werden)

Schnitt. Das Filmmagazin (erscheint vierteljährlich, mit intellektuellem Anspruch)

Auch im Internet finden sich zahlreiche Informationen für Filminteressierte. Nur drei Beispiele seien hier stellvertretend genannt: das umfangreiche und sehr nützliche „Lexikon der Filmbegriffe" des Bender Verlags, das unter der Adresse *http://lexikon.bender-verlag.de/suche.php* kostenlos eingesehen werden kann. Eine eher auf eigene Praxis ausgerichtete Einführung in die Filmproduktion und -analyse erhält man unter *http://www.movie-college.de/filmschule/index.htm.* Vielfältige Informationen finden sich auch auf der englischsprachigen, teilweise ins Deutsche übersetzten Seite der Internet Movie Database, *http://german.imdb.com.*

Bildquellen

Alle Filmfotos in diesem Band Cinetext Bildarchiv.
Seite 44: Einstellungen aus Vertigo – Aus dem Reich der Toten (Kim Novak, James Stewart).
Abb. Nr.: 00014315, 00021482, 00025206, 00005188, 00014314, 00158640, 00014317.
Seite 50: Kadrierung unter Verwendung einer Einstellung aus Vertigo (Kim Nowak) Abb. Nr. 00158640
Seiten I–XII: Abb.1: Nr. 00294478. Abb.2: Nr.: 00249245. Abb.3: 00294464. Abb.4: 00130493. Abb.5: 00124001. Abb.6: 00093642. Abb.7: 00218542. Abb.8: 00266430. Abb.9: 00338857. Abb.10: 00148297 Abb.11: 00344907. Abb.12: 00218538. Abb.13: 00344912. Abb.14: 00034891. Abb.15: 00155551. Abb.16: 00312473. Abb.17: 00347264. Abb.18: 00338855. Abb.19: 00317826. Abb.20: 00045210. Abb.21: 00045459. Abb.22: 00201896. Abb.23: 00237924. Abb.24: 00243964.